Venetien
Friaul

POLYGLO
SEIT 1902

GUTE REISE

UND DIE WELT GEHÖRT MIR

Die Autoren

**Daniela Schetar und
Friedrich Köthe**

Daniela Schetar ist Ethno-
login, Friedrich Köthe Sozio-
loge. Beide leben als freie
Journalisten in München.
Friaul und Venetien, nur einen
Katzensprung über die Alpen
entfernt, schätzen sie wegen
des kulturellen wie kulinarischen Reichtums.

REISEPLANUNG

LAND & LEUTE

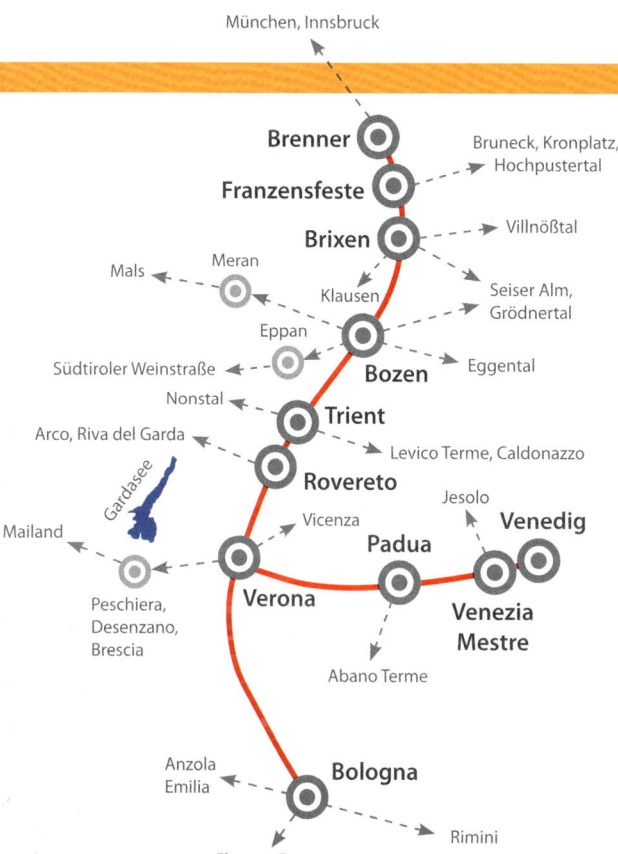

München, Innsbruck

Brenner

Bruneck, Kronplatz, Hochpustertal

Franzensfeste

Brixen

Villnößtal

Mals

Meran

Klausen

Seiser Alm, Grödnertal

Eppan

Südtiroler Weinstraße

Bozen

Eggental

Nonstal

Trient

Arco, Riva del Garda

Levico Terme, Caldonazzo

Rovereto

Gardasee

Vicenza

Jesolo

Venedig

Padua

Mailand

Verona

Venezia Mestre

Peschiera, Desenzano, Brescia

Abano Terme

Anzola Emilia

Bologna

Rimini

Florenz, Rom

Bildnachweise

2 (oben) Südtirol Marketing/Clemens Zahn; 2 (unten) Deutsche Bahn AG/Jochen Schmidt; 3 Archivio Provincia di Verona Turismo/T. Weimar; 4 Thomas Kohnle; 5 Augustiner Chorherrenstift Neustift; 6 und 7 (oben) Südtirol Marketing/Helmuth Rier; 7 (unten) Südtirol Marketing/ Schloss Trauttmansdorff; 9 Südtirol Marketing/Helmuth Rier; 10 Trentino Sviluppo S.p.A./Matteo de Stefano; 12 DAV/G. Hohenester; 13 Trentino Sviluppo S.p.A./Ingarda Trentino; 14 Archivio Provincia di Verona Turismo/T. Weimar; 15 Ennevifoto/Courtesy of Fondazione Arena di Verona; 17 (oben) Fotolia/eZeePics Studio; 17 (unten) Daniele Mosna; 19 Comune di Bologna/Luciano Leonotti; 20 (links) Fotolia/Cristiano_Palazzini; 20 (rechts) Fotolia/franke182; 21 Fotolia/imacture; 22 Deutsche Bahn AG/Andreas Muhs; 23 Deutsche Bahn AG/Hansjörg Egger

Schöner reisen ...

... nach Italien

Goethe wäre mit der Eisenbahn nach Italien gefahren. Weil die damals aber noch nicht fuhr, musste er 1786 die Postkutsche nehmen: über München, Innsbruck und den Brenner nach Bozen, Trient und zum Gardasee, dann weiter nach Verona, Padua, Venedig und Bologna und schließlich bis nach Rom. Heute sind Reisen nach Italien mit der Bahn schneller, einfacher und komfortabler denn je. Gut so, denn die Sehnsucht der Deutschen nach dem Land hinter den Alpen ist auch nach Goethe ungebrochen. Es ist die Sehnsucht nach dem schönen Leben zwischen Gärten und Stränden, Kirchen und Palästen, Eisdielen und Trattorien. Es ist eine Sehnsucht, die sich leicht erfüllen lässt. Heute ist die Bahn erste Wahl für entspanntes Reisen in den Süden: für einen Urlaub in der atemberaubenden Bergwelt Südtirols und im Trentino, im mediterranen Sport-Dorado Gardasee oder in den aufregenden Städten Norditaliens.

Zeit gewinnen

Fünfmal täglich fährt der DB-ÖBB Euro-City am Münchener Hauptbahnhof ab, via Kufstein und Innsbruck über den Brenner. Keine 4 Stunden später hält er in Bozen, nach 5 ¼ Stunden ist man in Verona. Jeweils ein Zugpaar fährt dann weiter bis nach Venedig (über Padua) und Bologna. Von Frühjahr bis Herbst gibt es an Wochenenden sogar noch jeweils ein zweites Zugpaar für diese beiden Ziele. Wer von der Straße auf die Schiene umsteigt, erlebt den Stau nur noch im

Schloss Lebenberg nahe Meran. Südtirol hat Berge mit und ohne Wein – und von beiden reichlich.

Reise-Tipps

✚ **1. Klasse:** Mehr Platz, mehr Komfort. Vor der Reise erhalten Sie Zugang zu den DB Lounges. An Bord genießen Sie viel Beinfreiheit und Abstand zum Nachbarn. Speisen und Getränke werden auf

Vorüberfahren – beim Blick aus dem Fenster – und genießt die gewonnene Zeit beim Unterhalten, Lesen, Träumen, Schlafen, mit den Kindern spielen.

Vor »Aida« einen Aperitif. Kulturgenuss beginnt in Verona schon vor der Oper.

Geld sparen

Ab 39 Euro: So viel kostet die Fahrt nach Italien mit dem Europa-Spezial-Tarif in der 2. Klasse (1. Klasse: ab 69 Euro). Kürzere Verbindungen, wie z. B. von München nach Bozen, sind sogar schon ab 29 Euro zu haben. Diese Angebote gelten, solange der Vorrat reicht. Familien können noch mehr sparen: Kinder und Enkelkinder unter 15 Jahren fahren auf der Reise nach Südtirol kostenfrei mit – wenn sie beim Kauf auf der Fahrkarte eingetragen werden! Auch die Buchung ist einfach: online auf dem Portal der Deutschen Bahn (www.bahn.de/italien) oder in den Reisezentren. Beachten Sie auch den Sparpreis-Finder unter www.bahn.de/sparpreisfinder! Übrigens, Sparangebote gibt es auch für die Fahrt im Nacht- und Autozug (siehe Seite 23).

Mobil sein

Busse und Bahnen sowie Transferservices vieler Hotels sichern vor Ort die nötige Mobilität. Südtirol-Fans dürfen sich über perfekte Anschlussverbindungen freuen, z. B. von Franzensfeste nach Bruneck oder von Bozen nach Meran. Hier wie im anschließenden Trentino sind auch attraktive Mobilitätskarten für Bahnreisende erhältlich. Sie gewähren freie Fahrt nicht nur in den öffentlichen Verkehrsmitteln, sondern auch in vielen Bergbahnen. Ein großes Thema ist darüber hinaus der Fahrradverleih: Hier gibt es viele tolle Angebote für aktive Mobilität auf zahllosen Radwegkilometern.

Informationen: www.bahn.de und www.bahn.de/italien

Anfrage direkt am Platz serviert – samt Gratis-Tageszeitungen (im ICE und DB-ÖBB EuroCity).
🚲 **Radler-Tipp:** Jeden Tag gibt es zwei Züge mit jeweils 16 Fahrrad-Stellplätzen. Reservierung erforderlich!

Und alles ohne Auto!

Für alle in dieser Broschüre vorgestellten Ziele gilt: Gute Verbindungen und Transferservices machen es leicht, beim nächsten Italien-Urlaub vom Gas zu gehen. **bahn.de/verkehrsmittelvergleich**

Südtirol

Hier ist Italien noch ganz vertraut: Südtirol präsentiert sich als ein Reiseziel fürs ganze Jahr. Das beginnt mit der Mandelblüte im März, und es hört mit dem Törggelen im späten Herbst, dem Genuss von Wein, »Keschtn« (Kastanien) und Speck, längst nicht auf – bald darauf beginnt die Skisaison! Viele alte Gemäuer sind zu sehen, Burgen, Klöster, Herrensitze und Kapellen, daneben auch aufregende neue Architekturen. Südtirol ist aber in erster Linie eine Kulturlandschaft, die Bergbauern in Jahrhunderten geschaffen haben. Am schönsten sieht man das auf den unzähligen Wanderwegen. Wie gut diese Landschaft »schmeckt«, lässt sich in den bäuerlichen Schankbetrieben erleben, wo selbst erzeugte Produkte serviert werden.

🚌 Südtirol mit Bahn und Bus – alle Verbindungen und Fahrpläne unter: www.sii.bz.it/de

Eisacktal

Italien beginnt gleich hinter dem Brenner. Hat man das Eingangstor zum Sehnsuchtsland passiert, richten sich alle Blicke nach Süden – auf Burgen und Berge. Einen ersten Zwischenstopp verdient Brixen, die alte Bischofsstadt mit ihrem ungemein prachtvollen, bunt-barocken Dom. Der Landbesitz der Brixner Bischöfe reichte früher bis ins Nordtiroler Inntal. Unbedingt zu empfehlen ist ein Abstecher zum großartigen Kloster Neustift, etwas außerhalb von Brixen (siehe Tipp, unten). Klausen, der oft übersehene Geheimtipp, begeistert mit seinem Ortsbild und dem burgartigen Kloster Säben, der »Akropolis Südtirols«, auf einem bereits während der Jungsteinzeit besiedelten Felsen über dem Ort. Aus dem Villnößtal kommt der bekannteste lebende Südtiroler, Reinhold Messner, aus dem benachbarten Grödnertal stammte sein

Tipp | Rosenmuskateller

*Nur 15 Stadtbus-Minuten (Linie 2) vom Bahnhof Brixen entfernt kultivieren die Mönche des **Augustiner Chorherrenstifts Neustift** (www.kloster-neustift.it) den seltenen Rosenmuskateller. Mit seinen Aromen von Rosen und Muskatblüte tanzt er geradezu auf der Zunge und wird dabei nie pappig. Erwartbar gut zu Süßspeisen – perfekt zum gereiften Hartkäse. Halleluja!*
H. Stiglmaier, TV-Journalist, Sommelier und Autor

noch berühmterer Vorgänger Luis Trenker. Man muss es den beiden prominenten Gipfelstürmern ja nicht gleichtun, aber die Berge zu beiden Seiten des Eisacktals sollte man gesehen haben: im Westen die sanften Sarntaler Alpen, im Osten die umso spektakuläreren Dolomiten. Seit 2009 gehören sie zum UNESCO-Welterbe der Menschheit.

5-mal täglich direkt nach Franzensfeste und Brixen; Busse nach Klausen, ins Villnößtal, Grödnertal und zur Seiser Alm

Kronplatz

Die einladend geräumige Gipfelkuppe des Kronplatz auf 2275 Meter Höhe über dem Pustertal bietet nicht nur ein wahrhaft königliches Panorama. Sie gibt auch einer ganzen Ferienregion ihren Namen: einem idealen Gebiet für Wanderer, Bergsteiger und Radfahrer. Zwischen den vergletscherten Dreitausendern

Allgemein:
» www.suedtirol.info

Eisacktal:
» www.eisacktal.com

Kronplatz
» www.kronplatz.com

Hochpustertal:
» www.hochpustertal.info

Vinschgau und Meran:
» www.meranerland.com
» www.vinschgau.net

Südtirols Süden:
» www.suedtirols-sueden.info

der Zillertaler Alpen im Norden und den Felsburgen der Dolomiten im Süden finden sie Tourenziele für mehrere Jahre: Mehr als 1200 Kilometer umfasst das Routennetz für Radler, vom sportlichen

Highlight im Hochpustertal: der Abstecher zu den Drei Zinnen im UNESCO-Welterbe der Dolomiten oberhalb von Toblach, Innichen und Sexten.

Mountainbiker bis zum Genussradler mit E-Bike. Zentraler Anlaufpunkt der Region ist das hübsche mittelalterliche Städtchen Bruneck. Unbedingt zu empfehlen, vor allem für Familien: der Ausflug zum wunderschönen Freigelände des Volkskundemuseums Dietenheim – mit dem Bus oder zu Fuß in 30 Minuten zu erreichen. Ein Muss auch der Abstecher per Bus nach Sand in Taufers: 100 Meter über den Dächern des Ortes, vor der Kulisse vergletscherter Dreitausender, ist die Burg schon von außen ein Bilderbuchmotiv erster Güte. Die Besichtigung der vollständig erhaltenen Anlage vermittelt echte mittelalterliche Atmosphäre.

🚆 Mit der Pustertal Bahn stündl./halbstündl. von Franzensfeste nach Bruneck (auch mit dem günstigen Europa-Spezial erreichbar)

Ritten

Mit der Seilbahn, nahe des Bozner Bahnhofs, hinauf nach Oberbozen und mit der Schmalspurbahn über das Hochplateau. Der Blick zu den Dolomiten ist atemberabend.
www.ritten.com

Messners Museen

Fünf Museen gibt es schon. Im Sommer 2014 eröffnet Reinhold Messner das sechste: auf dem Gipfel des Kronplatz, 2275 m.
www.messner-mountain-museum.it

Hochpustertal

Natürlich muss man in Innichen zuerst die Stiftskirche besichtigen. Der »Innicher Dom« gilt als eine der bedeutendsten romanischen Kirchen in den Alpen. Dann geht es aber hinaus: mit der Seilbahn auf die grandiose Aussichtskanzel des Helm oder mit dem Bus ins Bergdorf Sexten unmittelbar vor der bizarren Kulisse der Sextener Dolomiten. Absolutes Highlight ist die Wanderung durch das idyllische Fischleintal zum Fuß der Drei Zinnen. Bequemer sieht man das Wahrzeichen der Dolomiten aus dem wildromantischen Höhlensteintal bei Toblach, wo Gustav Mahler zu Beginn des 20. Jahrhunderts seine epochalen Spätwerke komponierte. Hier liegt auch der Dürrensee – zusammen mit dem Toblacher See und dem Pragser Wildsee weiter westlich ein Kandidat für die erste Seite auf dem Kalender.

🚂 Mit der Pustertal Bahn stündl./halbstündl. von Franzensfeste nach Innichen (auch mit dem Europa-Spezial); Bus nach Sexten

Volle Transparenz im Gesundheitswesen: die neue Therme in der alten Kurstadt Meran.

Vinschgau und Meran

Nur rund 40 Minuten dauert die Fahrt mit der Regionalbahn von Bozen nach Meran. Der berühmte Kurort fasziniert durch seine einzigartige Lage. Zwischen den Palmen und Bananenstauden an der Winterpromenade und den Gipfeln der Texelgruppe, direkt darüber, liegen fast 3000 Meter Höhenunterschied! Man spaziert über den Tappeinerweg,

Schloss Trauttmansdorff

Eine fantastische Parkanlage in fantastischer Lage oberhalb von Meran – am schönsten zu erreichen zu Fuß auf dem Sissi-Weg in 45 Min. (3 km).
www.trauttmansdorff.it

Südtirol

besucht das imposante Schloss Tirol und lässt es sich in der avantgardistischen Therme des Stararchitekten Matteo Thun gut gehen. Nicht versäumen sollte man den Ausflug vom nahen Dorf Tirol mit der Seilbahn hinauf zu den Muthöfen: Kaum zu glauben, dass Menschen auf so steilen Hängen Landwirtschaft betreiben können! Mit der Vinschgerbahn geht es danach von Meran über Schluderns mit der wunderbaren Churburg bis unter den Reschenpass bei Mals. Der Vinschgau ist eine faszinierende Landschaft: mit dem malerischen Glurns, mit dem grandiosen Kloster Marienberg nahe Mals, mit geheimnisvollen Kultstätten und der einzigartigen Szenerie am Vinschgauer Sonnenberg. Dort wandert man auf den eben verlaufenden »Waalwegen« neben alten Bewässerungskanälen, in denen Wasser aus den Gletscherregionen auf die Felder geleitet wird.

🚆 Im Halbstundentakt von Bozen nach Meran (40 Min.); halbstündl./stündl. mit der Vinschger Bahn nach Mals (von München ab 39 Euro)

Südtirols Süden

Gleich hinter Bozen wird das Eisacktal breiter, die Luft noch ein bisschen wärmer, die Vegetation noch ein bisschen üppiger, die Landschaft noch ein bisschen – italienischer. Manchmal beginnt die Mandelblüte schon im Februar. Aber zuerst nach Bozen! Unter dem schlanken Turm des Doms bummelt man durch die historische Altstadt um den Waltherplatz, entdeckt in den malerischen Laubengassen mondäne Geschäfte und schlendert über den bunten Obstmarkt. Sogar Zeitreisen sind möglich: Zuerst geht es zum »Ötzi«, der 5300 Jahre alten Gletschermumie, die im Südtiroler Archäologiemuseum ihre letzte Bleibe gefunden hat. Danach über die wunderschöne Guntschnapromenade in den Ortsteil Gries und zur alten Pfarrkirche mit dem geschnitzten Marienkrönungsaltar, entstanden zwischen 1471 und 1475. Und schließlich betrachtet man im architektonisch spektakulären Neubau des Museion moderne und zeitgenössische Kunst.

Südtirol mit der Mobilcard

Wer mit den Zügen der DB/ÖBB nach Südtirol reist, ist mit der Südtiroler Mobilcard vor Ort bestens unterwegs.
1. Von der Bahn zur Unterkunft mit dem Anschlussticket – für

5 Euro: das Anschlussticket Südtirol ist an Bord der DB-ÖBB EuroCity Züge zwischen München und Bozen sowie in den Reisezentren der DB Bahn erhältlich. Es gilt für den Transfer vom jeweiligen Bahnhof zur Unterkunft

Spannung und Entspannung: kleine Pause vor dem Museion, Museum für moderne und zeitgenössische Kunst in Bozen

Ein Kunstwerk anderer Art ist die Silhouette des sagenumwobenen Rosengartens – abendliches Alpenglühen inbegriffen. Körperliche Genüsse aller Art versprechen Exkursionen entlang der Südtiroler Weinstraße über Eppan, Kaltern und Tramin bis zur Salurner Klause: seliges Schwelgen zwischen Rebstöcken und Obstbäumen, Weingütern und Burgen. Wem bei der Fahrt heiß geworden ist, der frischt sich im Kalterersee ab. Drei E-Bike-Routen sind im Bereich der Weinstraße eingerichtet, maximal 45 Kilometer lang. Die E-Bikes können am Bahnhof Bozen Süd/Messe ausgeliehen werden.

🚆 In 3 ¾ Std. von München direkt nach Bozen, ab 29 Euro, 5-mal täglich; Busse ins Grödnertal, zur Seiseralm, ins Eggental und über die Südtiroler Weinstraße und vice versa mit öffentlichen Verkehrsmitteln am Tag der Hin- und Rückreise.

2. 100% mobil vor Ort: Mit der Südtiroler Mobilcard bewegen Sie sich in Südtirol unbegrenzt und flexibel mit allen öffentlichen Verkehrsmitteln des Südtiroler Verkehrsbundes. Als Tageskarte, 3-Tages- oder 7-Tages-Ticket bietet die Mobilcard die optimale Grundlage, um Südtirol im Urlaub zu entdecken.

www.mobilcard.info

Trentino & Gardasee

Alle Genüsse Italiens in einer Region: Im Trentino ist das kein leeres Versprechen. Da gibt es vergletscherte Dreitausender im Naturpark Adamello-Brenta und üppige Gärten am Gardasee. Es gibt würzigen Käse und herzhafte Würste, aber auch hochwertige Olivenöle und feine Weine wie die autochthonen Rebsorten Marzemino und Teroldego. Von alpin bis mediterran reicht auch das Sportangebot, das zwischen Klettern, Mountainbiken, Baden, Segeln und Surfen keine Wünsche übrig lässt.

Alle Bahn- und Busverbindungen im Trentino unter: www.ttesercizio.it

Trient/Trento

Manche sprechen von der schönsten unbekannten Stadt im Norden Italiens. Tatsächlich kennen die meisten Trient gerade mal von den Schildern am Bahnhof oder an der Autobahnausfahrt. Ein großer Fehler, hier nicht auszusteigen! Mitten in der Altstadt liegt die höchst fotogene Piazza Duomo mit den beiden Wahrzeichen der Stadt: dem um das Jahr 1000 erbauten Stadtturm und dem Neptunbrunnen. Daneben erheben sich der Bischofspalast Palazzo Pretorio – er enthält das hochinteressante Diözesan-museum – und die Kathedrale San Vigilio, die man am besten nachmittags besucht, wenn das Licht durch die farbige Glasrosette der Westfassade fällt. Der Altstadtbummel führt vorbei an prächtigen Palazzi und endet am mächtigen Castello del Buonconsiglio, der sehr sehenswerten fürstbischöflichen Burg. Sie ist eine der bedeutendsten Städte des Katholizismus: Hier fand als Reaktion auf die Reformation in Europa von 1545 bis 1563 das Konzil von Trient statt. Auf dem Weg zurück in die Gegenwart sollte man im Palazzo delle Albere vorbeischauen:

Allgemein:
» www.visittrentino.it/de

Trient/Trento:
» www.apt.trento.it/de

Valsugana:
» www.visitvalsugana.it

Gardasee:
» www.Gardasee.de (Unterkünfte auch
   für Bahngäste!)
» www.visitgarda.com/de/gardasee

Rail & Sail
» www.sailingdulac.com/german

Hier ist ein Teil der Sammlungen des
Museums für zeitgenössische Kunst
MART in Rovereto untergebracht.
🚆 5-mal täglich von München direkt
nach Trient ab 29 Euro; Regionalbahn
über Mezzolombardo ins Nonstal

Valsugana

Wer auf dem Bahnhof von Trient in die
Valsugana-Bahn umsteigt, ist 50 Minuten
später in Levico Terme. Das hübsche
Städtchen verdankt seinem einzigartigen
eisen- und arsenhaltigen Thermalwasser
eine mehr als 100 Jahre lange Tradition
als Kurort. Wellness mit dem Flair der
Belle Époque, beispielhaft zu erleben
im Kurpark aus der Habsburgerzeit, als
das Trentino noch zu Österreich gehörte.
Ein besonderes Schmuckstück ist das
1900 eröffnete Grand Hotel Imperial.
Es liegt im Nordteil des herrlichen
englischen Landschaftsgartens, in
dem 580 verschiedene Baumarten zu
entdecken sind. Neben dem fjordgleichen
Levico-See, getrennt nur durch den
grünen Höhenzug von Tenna, liegt der
Caldonazzo-See. Umgeben von grünen
Hügeln und Apfelgärten, ist er der größte
See des Trentino. Und noch ein Tipp: Den

Tipp | MUSE

. . . .

Außen hui, innen wow: Das Wissenschaftsmuseum in
Trient, *entworfen von Renzo Piano, sieht wie ein High-*
tech-Gebirge aus. Alles ist hier interaktiv und anfassen
nicht nur erlaubt, sondern ausdrücklich erwünscht.
Wissensvermittlung auf der Höhe der Zeit mit breitem
Themenspektrum: vom Dinosaurier bis zum 3D-Drucker
(www.muse.it; ermäßigter Eintritt für Bahnreisende).
Axel Klemmer, Redakteur und Reisebuchautor

höchsten Wohlgenuss – im wahren Sinn des Wortes – verspricht der Ausflug im Bus von Levico hinauf nach Vetriolo: Hier befindet sich auf rund 1500 Metern das höchstgelegene Thermalbad Europas.

🚆 Regionalbahn von Trient nach Levico Terme und Caldonazzo

Gardasee

Wie ein Fjord, auf beiden Seiten von steilen Bergen umgeben: Dieses fantastische Bild bietet der Gardasee seinen von Norden anreisenden Gästen. Dass die Gegend schon vor dem großen Sport-Boom florierte, ist unübersehbar. Prächtige Bauten in Riva, die malerisch verfallene Burg von Arco, verwinkelte Gassen, hübsche Plätze, repräsentative Arkadengänge und Villen. Früher verbrachte das österreichische Kaiserhaus hier die Wintermonate. An alte k.-u.k.-Zeiten erinnert auch das traumhafte Arboretum, der Botanische Garten von Arco.

Heute wird im Norden des Gadasees immer noch sehr viel Deutsch gesprochen. Mittlerweile bestimmt der Sport das Bild – und längst nicht nur während des Sommertrainingslagers des FC Bayern. Kletterer und Mountainbiker finden rund um Arco schier unendliche Möglichkeiten zum Austoben an steilen Felsen und auf verwegenen Singletrails. Windsurfer zieht es dagegen nach Torbole. Auf den Wind ist am Gardasee in jedem Fall Verlass: Morgens bläst er als »Pelèr« von Norden, nachmittags als »Ora« von Süden. Auf der herrlichen Hafenpromenade in Riva darf man aber auch mal gar nichts tun – außer Kaffee und Eis genießen, promenieren, schauen ...

🚆 Von Rovereto (5-mal täglich direkt ab München, ab 39 Euro) mit Bus 332 nach Riva del Garda und Arco

Rail & Sail

Wasser, Sonne, Wind und Wellen: Man kann den Gardasee kaum schöner erleben als auf dem Deck eines Segelboots. Das Multisport Center Sailing du Lac bietet in Riva und in der Partnerstation SurfSegnana in Torbole Segel- und Windsurfkurse sowie freies Segeln mit

Weg des Friedens

Der Friedensweg (»Sentiero della Pace«) führt entlang der Frontlinien des Ersten Weltkriegs über die Nordspitze des Gardasees bis in die Dolomiten. Wer den kulturhistorisch spannenden Weit-

Es muss nicht immer die Adria sein. Der Gardasee liegt näher und bietet neben seinen Qualitäten als Outdoor-Badewanne ein überwältigendes Sportangebot.

einem erfahrenen Lehrer. Hier kann man sich Boote der unterschiedlichsten Art ausleihen, aber auch Windsurf-Ausrüstung, Kajaks und Tretboote.

Als Movelo-Partner verleiht die Station außerdem die neuesten E-Bikes, Mountainbikes und Trekkingbikes für Erwachsene und Kinder. Zusätzlich werden Canyoning-Touren angeboten.

DB/ÖBB-Kunden erhalten Rabatte auf das gesamte Sportangebot (Segeln, Surfen, Biken, Kajak) sowie bei der Buchung eines Segel- oder Surfkurses kostenlos ein Fahrrad für alle Kurstage dazu. Für die Gäste der »Sport+Hotel«-Pakete steht außerdem ein Shuttleservice zum Bahnhof Rovereto zur Verfügung. www.sailingdulac.com/german

wanderweg begehen möchte, profitiert von den Angeboten des Deutschen Alpenvereins und des DAV Summit Clubs in Zusammenarbeit mit der Bahn. www.dav-summit-club.de/ mit-der-bahn-in-die-berge

Trentino Bahn Spezial …

… für Transfer-Services, freie Fahrt mit öffentlichen Verkehrsmitteln, Gratis-Fahrradverleih, freien Eintritt zu Burgen und Museen. www.visittrentino.it/ bahnspezial

Venetien

Hier haben die Alpen fertig – von nun ab wird's flach. Und für einige Besucher beginnt Italien jetzt erst »richtig«. Die uralte Römerstadt Verona ist heute ein wichtiges Bahnkreuz in der Poebene: Im Westen geht es zum Gardasee, in die fantastische Stadt Brescia und nach Mailand, im Süden Richtung Bologna und im Osten nach Padua und Venedig. Ansonsten präsentiert sich die Region Venezien als ein großes Villenviertel – Renaissance-Baumeister Andrea Palladio stellte hier Villen und Palazzi zu Dutzenden in die Landschaft –, als Kunst- und Kulturquartier mit angeschlossenem Planschbecken hinter den gut gepflegten Sonnenschirmfeldern an der Adria.

Verona

Zeitgenössischen Architekten müsste es eigentlich die Schamesröte in die Gesichter treiben: Schon vor bald 2000 Jahren kämpften in der Arena Gladiatoren – und heute wird sie immer noch bespielt. Das drittgrößte erhaltene Amphiteater aus der Antike sieht aus wie eine Filmkulisse, ist aber echt. Die Arena ist der Mittelpunkt der Stadt und ein Besuchermagnet ohnegleichen. Bis zu 15 000 Besucher verfolgen in dem 138 mal 109 Meter messenden Rund die spektakulären Operninszenierungen unter dem (hoffentlich) sternenfunkelnden Sommerhimmel. Aber es gibt viel mehr zu sehen in Verona. Übrigens auch

Bummeln, stehen, sitzen. Auf der Piazza delle Erbe im Herzen Veronas lebt man in einem menschenfreundlichen Rhythmus.

Tipp | Arena di Verona

In der »Seconda Gradinata«, auf den historischen Stufenplätzen, sind die Tickets günstig, es raschelt Brotzeitpapier, Getränkedosen zischen, der Sitznachbar trällert so manche Arie mit – aber die Stimmung ist toll! Wer die Oper ganz pur genießen will, investiert ein paar Euro mehr für eine Karte im Forum (www.arena.it).
Jenny Schuckardt, (Reise-)Buchautorin

mehr als den eher unscheinbaren Balkon der Casa Giulietta, auf dem eine junge Dame einmal den Liebesschwur eines jungen Mannes vernahm. Die Geschichte von Romeo und Julia nimmt bekanntlich kein gutes Ende, der Bummel durch Verona aber schon. Die ganze Altstadt ist seit 2000 UNESCO-Weltkulturerbe. Die beste Route für einen Stadtrundgang? Gibt es nicht. Man lässt sich am besten treiben und entdeckt wie nebenbei eine Fülle schönster Baudenkmäler, z. B. die eindrucksvolle Burg des Castelvecchio und die bemerkenswerte Skaliger-Brücke über die Etsch. Man besucht Kirchen wie den romanisch-gotischen Dom und schlendert über malerische Plätze. Auf der großartigen Piazza delle Erbe ist man mitten drin im prallen (Markt-)Leben. Und man bekommt Appetit.

In der Trattoria bestellt man zum Essen natürlich Wein aus der Region: Der berühmte Valpolicella von den Hängen nördlich der Stadt ist ein junger, leichter Rotwein mit verblüffender Fülle. Ein ganz anderes Kaliber ist dagegen der legendäre Amarone aus dem »Classico«-Gebiet – fast schon ein Weinkonzentrat von enormer Intensität.

🚆 5-mal täglich direkt von München (5 ¼ Std.); über Gardasee/Süd (Peschiera, Desenzano) nach Brescia und Mailand

Informationen

Allgemein:
» www.veneto.to

Verona und Provinz:
» www.tourism.verona.it

Comune di Verona
» www.turismoverona.eu

Padua/Padova und Provinz:
» www.turismopadova.it

Venedig/Venezia und Umgebung:
» www.turismovenezia.it

Padua

Halt! Bevor der Zug weiterfährt nach Venedig, steigt man besser noch mal aus, um eine der ältesten italienischen Städte zu erleben. Der Legende nach wurde sie im Jahr 1184 gegründet – *vor* Christi Geburt. Padua ist spätestens seit Eröffnung seiner Universität anno 1222 eine Stadt der Wissenschaft: Hier lehrte Galileo Galilei, hier entstand nicht nur der erste Anatomiesaal, sondern auch der erste botanische Garten der Welt – er ist noch heute eine Schau! Ein städtebauliches Gesamtkunstwerk ist der Prato della Valle, drittgrößter innerstädtischer Platz in Europa. Gleich daneben warten die riesige Basilika Santa Giustina mit ihren Kuppeln sowie die Basilika »Il Santo« mit ihren Kapellen. Der größte Kunstschatz verbirgt sich jedoch in der äußerlich unscheinbaren Scrovegni-Kapelle am Nordrand der Altstadt: Hier vollendete der Florentiner Künstler Giotto im Jahr 1306 seinen epochalen Freskenzyklus über das Leben Jesu. Weltliche Architektur gibt es dann im Palazzo della Ragione zu genießen – und davor, auf der Piazza delle Erbe, alle Wohlgerüche und Köstlichkeiten Veneziens.

2-mal täglich direkt von München; von Verona halbstündl.

Venedig

Manche erstarren im Angesicht der »Serenissima« vor Ehrfurcht. Andere retten sich in den Humor – so wie Harrison Ford in »Indiana Jones und der letzte Kreuzzug«: Nach haarsträubender

Abano Terme

Heißes Wasser sprudelt in den Euganeischen Hügeln **nahe Padua** an die Oberfläche. Es enthält Salz, Brom und Jod. Das ergibt einen Schlamm, der herrlich gesund ist.
www.abano-montegrotto.de

Vicenza

Lohnender Zwischenstopp: Vicenza trägt nicht umsonst den Beinamen »Città d'oro«. Seine Gold- und Schmuckindustrie ist weltberühmt.
www.vicenzae.org

Die schönste Baustelle der Welt: Damit Venedig nicht in der Lagune versinkt,
muss ab und zu ein wenig renoviert werden.

Flucht durch die Katakomben steigt er zwischen Restauranttischen aus dem Gully, blickt lächelnd um sich und sagt:»Ah, Venedig . . .« Vom 7. bis ins 18. Jahrhundert war die »Erlauchte« eine Großmacht. Heute erscheint die auf Sand und Matsch gebaute Traumstadt in der Lagune Millionen von Touristen als eine Art Freilichtmuseum, das man zu allen möglichen und (besser!) unmöglichen Tages- und Jahreszeiten erleben kann. Wer unbedingt mit Armfreiheit über den Markusplatz schlendern und die Markus-kirche besichtigen möchte, kommt am besten erst im November – auch wenn dann bei Ausflügen zum berühmten Sandstreifen des Lido mit seinen noblen Hotels die Badehose zu Hause bleiben kann. Ansonsten kann man für Kanal-fahrten statt der Gondel das Vaporetto nehmen, und anstelle des Karnevals im Februar besucht man die ebenso bunte, aber weniger gehypte Festa del Redentore am 3. Sonntag im Juli.

🚆 1-mal täglich direkt von München; von Verona halbstündl.

Schon gewusst?

Ein Geheimtipp ist die Fahrt **von Trient nach Venedig** auf der Ne-benstrecke durch das Valsugana via Bassano del Grappa und Padua weiter zur »Serenissima«.
www.trenitalia.com

Emilia-Romagna

Hochkultur, Esskultur, Spaßkultur – die Grenzen verschwimmen. In der Emilia liegen die ältesten Universitätsstädte der Welt, hier komponierte Giuseppe Verdi seine Opern, hier entstehen Luxusgüter wie schöne Fliesen und schnelle Autos, hier entsteht der einzigartige kulinarische Dreiklang von Parmaschinken, Parmigiano und Balsamico.

Bologna

Gelehrt, verfressen und ziemlich wohlhabend: In Bologna steht die älteste Uni Europas (gegründet 1088), aus Bologna kommt die dickste Wurst. Eine originale Mortadella di Bologna kann 100 Kilogramm wiegen. Man bekommt sie unter anderem im berühmten Feinkostgeschäft »Tamburini« in der Via Caprarie. Ihren Spitznamen – La Grassa, »Die Fette« – verdankt die Stadt aber auch der vornehmen, prächtig-behäbigen Architektur. Wobei ausgerechnet die beiden Wahrzeichen ausgesprochen schlank, wenn auch etwas schräg sind. Wo Pisa einen Schiefen Turm besitzt, hat Bologna deren zwei: Der kleinere, Torre Garisenda, knapp 50 Meter hoch, hängt 3,20 Meter über. Etwas zuverlässiger wirkt die Statik beim fast 100 Meter hohen Torre Asinelli, den man besteigen darf: Ist die Luft klar, schaut man bis zu den Alpen – und rundherum auf repräsentative Baukunst. Besonders eindrucksvoll sind die unvollendete Basilica di San Petronio, ursprünglich als die größte Kirche der Christenheit geplant, und das fantastische Kirchenensemble San Stefano, angelegt als eine Imitation der Heiligen Stadt Jerusalem und in ihren Ursprüngen wohl mehr als 1500 Jahre alt. An der Uni wurde die Vergänglichkeit des Menschen schon früher wissenschaftlich untersucht: Studenten der

Medizinischen Fakultät lernten ihr Fach anhand von Wachsmodellen, die im Universitätsmuseum im Palazzo Poggi für wohliges Schaudern sorgen. Kontraste bieten das Museum für Moderne Kunst MAMbo und das bekannte Eismuseum in Anzola Emilia – bequem mit dem Bus Nr. 87 vom Hauptbahnhof zu erreichen.

🚆 1-mal täglich direkt ab München; ab Verona mehrfach

Allgemein:
» www.emiliaromagnaturismo.it

Bologna:
» www.bolognawelcome.com
  (nur Italienisch und Englisch)

Rimini und die Adria:
» de.riviera.rimini.it

Rimini und die Adria

Der legendäre »Teutonengrill« ist auch im 21. Jahrhundert so angesagt wie damals. Nur eine knappe Stunde von Bologna dauert die schnellste Bahnverbindung ins Plansch- und Party-Mekka. Rimini ist aber nicht nur der älteste Badeort an der italienischen Adria. Schon vor 2000 Jahren rollte der Verkehr über die Tiberius-brücke. Am Ende des Corso d'Augusto, der Prachtstraße durch die Altstadt, steht der Augustusbogen, ältester erhaltener Triumphbogen des antiken Roms. Pilgerstätte für Filmfans ist das Zucker-bäckerschloss des Grand Hotel Rimini, Dreh- und Sehnsuchtsort des großen Federico Fellini. Zum Pflichtprogramm gehören ein Besuch im größten Miniatur-park Italiens und der Ausflug in die nur zehn Kilometer entfernte Republik San Marino, deren historische Hauptstadt seit 2008 zum UNESCO-Welterbe zählt.

🚆 Ab Bologna mindestens stündl.

Tipp | Arkadentour in Bologna

Von der Porta Saragozza geht man die wohl längste Arkade der Welt (etwa 3,5 km) hinauf zum Santuario della Madonna di San Luca. Nach tollem Panorama-blick und wiederum 250 steilen Höhenmetern bergab gönnt man sich nahe dem Meloncello-Bogen in der Billi Bar Pasticceria und (im Sommer) in der Eisbude schräg gegenüber eine kulinarische Belohnung.
Lisa Pause, Grafikerin, studierte in Bologna

Bella città! – Stadtbummeln

Mailand

Die Stadt des guten Geschmacks. Viele Besucher gehen darum gleich in die Galleria Vittorio Emanuele II, einen Tempel der gehobenen Lebensart mit Luxusboutiquen, Bars und Restaurants. Die fast sakrale Architektur mit dem zentralen Platz und der 47 Meter hohen Glaskuppel ist atemberaubend. Schräg gegenüber der Galleria steht die Scala, Pilgerstätte für Opernfans aus aller Welt. Wirklich heilig ist dagegen der weltberühmte Dom mit seiner faszinierenden, wenngleich nicht stilechten Fassade. Schon seit dem 14. Jahrhundert wird an ihm gebaut – und restauriert. Die letzte Steigerung bringt dann das 15-minütige Tête-à-Tête mit dem göttlichen »Abendmahl« des Leonardo da Vinci im Dominikanerkloster von Santa Maria delle Grazie. Mehr Seelennahrung findet man im Palazzo di Brera mit seiner berühmten staatlichen Pinakothek und, na ja, in den Stadien der beiden großen Mailänder Fußballclubs . . .

Florenz

Die Stadt der Renaissance. Ein großer Teil der (unzähligen) Baudenkmäler stammt aus dem 15. und 16. Jahrhundert – wobei es mindestens zwei spektakuläre Ausnahmen gibt: den Ponte Vecchio mit seinen mittelalterlichen Häuserreihen aus dem Jahr 1345 und die mächtige Kathedrale aus dem 13. Jahrhundert, die viertgrößte Kirche in Europa. In den »Uffizien«, der weltberühmten Kunstsammlung der Medici, kann man Stunden verbringen – ebenso beim Spaziergang duch die Altstadt, vorbei an Kirchen und Palästen, über schöne Plätze und bunte Märkte. Dort gibt es alle Köstlichkeiten der Toskana zu kaufen: im Marcato Centrale in der Via dell'Ariento oder auf dem Markt rund um die Basilika San Lorenzo. Ein echter Tipp ist auch der Mercato di Sant'Ambrogio. Und abends? Wem der Sinn nach großer Oper steht, besucht das Teatro Comunale. Florenz besitzt aber auch eine sehr lebendige Bar- und Clubszene.

Rom

Die Stadt der Städte … In der Antike die Hauptstadt des Römischen Reichs, heute die Hauptstadt Italiens – und unverändert eine florierende Metropole. Die größten Sehenswürdigkeiten Roms lassen sich in zwei Wörtern zusammenfassen: Antike und Kirche. Man muss sie mit eigenen Augen gesehen haben: das Kolosseum, größtes Amphitheater der antiken Welt, das Forum Romanum, das Pantheon, die Caracalla-Thermen, die Engelsburg … Und dann die Vatikanstadt mit dem Petersdom, der größten Kirche des Abendlands, mit den Vatikanischen Museen und Michelangelos Fresken in der Sixtinischen Kapelle. Zu viel Nahrung für den Geist? Wer gut essen möchte, sollte sich nicht nur im Zentrum, sondern auch in den Stadtteilen Trastevere, San Lorenzo und Testaccio umschauen. Und wer später feiern will, kann auf die über 2000-jährige Tradition der Stadt zählen: Das römische Nachtleben reicht von recht gediegen bis ziemlich wild.

Mailand:
» www.turismo.milano.it

Florenz:
» www.firenzeturismo.it

Rom:
» www.turismoroma.it

Anreise mit der Bahn

Kein Stress, kein Ärger mit Stau, kein Warten an Autobahnmautstellen. Mit dem Europa-Spezial jetzt auch richtig günstig nach Florenz, Mailand und Rom: Die Verbindungen können von Deutschland aus gebucht werden – auf der Website der Deutschen Bahn, am Automaten oder in den DB Reisezentren. Wer über Nacht reisen möchte, dem seien die Angebote des City Night Line empfohlen. Die Nachtreisezüge der Bahn bieten schon bei der Anreise einen traumhaften Komfort – im wahren Sinn des Wortes.

Wer z. B. mit dem CNL 485 in München um 21.03 Uhr abfährt, steigt ausgeschlafen um 6.18 Uhr in Florenz aus – sofern er nicht gleich weiterfährt nach Rom, wo der Zug um 9.20 Uhr ankommt. Oder soll es nach Mailand gehen? Dann wählt man CNL 40485 und kann um 9.30 Uhr seinen Besuch in der norditalienischen Metropole starten. Weitere Informationen auf Seite 23.

Drei gute Gründe …

… das Auto bei der nächsten Italien-Reise in der Garage zu lassen und mit der Bahn über den Brenner zu fahren:

Es geht schnell

Von München in 3 ¾ Stunden nach Bozen und in 5 ¼ Stunden nach Verona. Direkt und fünfmal am Tag. Auch für Fernreisende z. B. aus Hamburg oder Berlin sind die Ziele in Norditalien entspannt an einem Tag zu erreichen (Umstieg in München).

Es ist günstig

Ab 39 Euro mit dem Europa-Spezial-Tarif in der 2. Klasse (1. Klasse: ab 69 Euro). Von München nach Bozen sogar schon ab 29 Euro. Eigene Kinder/Enkelkinder unter 15 Jahren fahren kostenfrei mit (Eintrag auf der Fahrkarte der Eltern/Großeltern notwendig). Sparpreis-Finder: www.bahn.de/sparpreisfinder

Man bleibt mobil

Gute Anschlussverbindungen mit Bahn und Bus, bequeme Transferservices in vielen Hotels. Mobilcards für freie Fahrt in öffentlichen Verkehrsmitteln und vielen Bergbahnen in Südtirol, im Trentino und in Verona. Fahrradverleih für aktive Mobilität.

Entspannt von Deutschland nach Italien – im Autozug

Wer in Italien nicht auf das eigene Auto oder Motorrad verzichten möchte, wohl aber auf die stressige Anfahrt durch Deutschland und Österreich, nimmt den Autozug: von Hamburg, Hildesheim oder Düsseldorf nach Bozen – dem idealen Ausgangspunkt für die Weiterfahrt ins Trentino, an den Gardasee, nach Verona, Venedig und Bologna.

Autozug-Spezial:

Bereits ab 129 Euro (von Hildesheim und Düsseldorf) bzw. ab 139 Euro (von Hamburg) nach Bozen. Im Preis inbegriffen sind der Einzelplatz im Liegewagen und die Mitnahme eines Fahrzeugs.
Info und Buchung:
- www.bahn.de/autozug
- Tel. +49 180 6 99 66 33*

Mobil mit Handicap

Menschen mit Mobilitätseinschränkungen bietet die Deutsche Bahn AG einen umfangreichen Service – egal ob bei der Reiseplanung, der Sitzplatzreservierung oder einer Fahrplanauskunft. Auch

■ DB Reisezentren und DB Verkaufsstellen
■ Autozug Abfahrts-Hotline:
Tel. +49 180 5 88 15 88*
* 20 ct/Anruf aus dem Festnetz, Tarif bei
Mobilfunk max. 60 ct/Anruf, 8 bis 22 Uhr

Italien über Nacht – mit dem City Night Line

Augen zu und über den Brenner. Die Anreise mit dem City Night Line vergeht wie im Traum und ist bereits ab 59 Euro zu haben: von München nach Rom (über Verona, Bologna und Florenz), Venedig (über Tarvisio und Udine) und nach Mailand (über Verona und die südlichen Gardasee-Destinationen Peschiera und Desenzano). Für 25 Euro mehr kann man im komfortablen Schlafwagen reisen, dann ist ein Frühstück inklusive. Damenabteile für allein reisende Frauen.

Radler aufgewacht:
Im City Night Line werden Fahrräder auf fast allen Linien zum Preis von 10 Euro befördert. Dies gilt auch für verpackte Fahrräder. Info und Buchung:
■ www.bahn.de/citynightline
■ Tel. 0180 5 99 66 33*
■ DB Automaten, DB Verkaufsstellen
*20 ct/Anruf. aus dem Festnetz, Tarife bei Mobilfunk max. 60 ct/Anruf.

. . . .

die Hilfe beim Ein-, Um- und Aussteigen (z. B. ein Hublift für den Rollstuhl) ist bequem zu organisieren. Fragen zu geeigneten Zügen, der Barrierefreiheit von Bahnhöfen oder den Mindestumsteigezeiten beantwortet die:

**Mobilitätsservice-Zentrale
Mo–Fr 8–20, Sa 8–16 Uhr
Tel. 0180 5 51 25 12*
oder per E-Mail erreichbar:
msz@deutschebahn.com**
* 14 ct/Min. aus dem Festnetz,
Tarif bei Mobilfunk max. 42 ct/Min.

DB-ÖBB EC München Hbf–Innsbruck–Bozen/Bolzano–Verona P.N.
15.12.2013–13.12.2014

		EC 81[1]	EC 81[2]	EC 1289[3]	EC 85	EC 87	EC 89	EC 83	EC 189
					tgl.	tgl.	tgl.	tgl.	tgl.
München Hbf	ab	7:38	7:38	7:38	9:38	11:38	13:38	15:38	17:38
München Ost	ab	7:47	7:47	7:47	9:47	11:47	13:47	15:47	17:47
Rosenheim	ab	8:19	8:19	8:19	10:19	12:19	14:19	16:19	18:19
Kufstein	ab	8:41	8:41	8:41	10:41	12:41	14:41	16:41	18:41
Wörgl	ab	8:51	8:51	8:51	10:51	12:51	14:51	16:51	18:51
Jenbach	ab	9:06	9:06	9:06	11:06	13:06	15:06	17:06	19:06
Innsbruck Hbf	an	9:23	9:23	9:23	11:23	13:23	15:23	17:23	19:23
Innsbruck Hbf	ab	9:27	9:27	9:27	11:27	13:27	15:27	17:27	
Brenner / Brennero	ab	10:14	10:14	10:10	12:14	14:14	16:14	18:14	
Fortezza / Franzensfeste	ab	10:46	10:46	10:42	12:46	14:46	16:46	18:46	
Bressanone / Brixen	ab	10:56	10:56	10:51	12:56	14:56	16:56	18:56	
Bolzano / Bozen	an	11:27	11:27	11:17	13:27	15:27	17:27	19:27	
Bolzano / Bozen	ab	11:31	11:31	11:19	13:31	15:31	17:31	19:31	
Trento / Trient	ab	12:04	12:04	11:52	14:04	16:04	18:04	20:04	
Rovereto	ab	12:19	12:19	|	14:19	16:19	18:19	20:19	
Verona P.N.	an	12:56	12:56	12:39	14:58	16:57	18:58	20:56	
Verona P.N.	ab	(13:13)		12:41	(15:15)	16:59			
Padova / Padua	ab			13:28	|	17:43			
Venezia Mestre	ab			13:46	|	18:00			
Venezia Santa Lucia	an			13:56	|	18:10			
Verona P.N.	ab		13:13		15:15				
Bologna Cle	an		14:07		16:20				

EC 81[1,2]: verkehrt nach Bologna Mo–Fr ab 31.03.2014; nur bis Verona tgl. bis 28.03.2014, Sa+So ab 03.11.2014.
EC 1289[3]: Sa+So 29.03.–02.11.2014

DB-ÖBB EC Verona P.N.–Bozen/Bolzano–Innsbruck–München Hbf
15.12.2013–13.12.2014

		EC 82	EC 88	EC 80	EC 84	EC 86	EC 188[1]	EC 188[2]	EC 1288[3]
		tgl.	tgl.	tgl.	tgl.	tgl.			
Bologna Cle	ab				11:52		15:52		
Verona P.N.	an				12:47		16:45		
Venezia Santa Lucia	ab				|	13:35			15:50
Venezia Mestre	ab				|	13:47			16:02
Padova / Padua	ab				|	14:07			16:18
Verona P.N.	an				(12:47)	14:55	(16:45)		16:59
Verona P.N.	ab		9:04	11:02	13:04	15:02	17:02	17:02	17:02
Rovereto	ab		9:43	11:43	13:43	15:43	17:43	17:43	17:43
Trento / Trient	ab		9:59	11:59	13:59	15:59	17:59	17:59	17:59
Bolzano / Bozen	ab		10:34	12:34	14:34	16:34	18:34	18:34	18:34
Bressanone / Brixen	ab		11:04	13:04	15:04	17:04	19:04	19:04	19:04
Fortezza / Franzensfeste	ab		11:15	13:15	15:15	17:15	19:15	19:15	19:15
Brenner / Brennero	ab		12:00	14:00	16:00	18:00	20:00	20:00	20:00
Innsbruck Hbf	ab	10:36	12:36	14:36	16:36	18:36	20:36	20:36	20:36
Jenbach	ab	10:55	12:55	14:55	16:55	18:55	20:55	20:55	20:55
Wörgl	ab	11:10	13:10	15:10	17:10	19:10	21:10	21:10	21:10
Kufstein	ab	11:20	13:20	15:20	17:20	19:20	21:20	21:20	21:20
Rosenheim	ab	11:41	13:41	15:41	17:41	19:41	21:41	21:41	21:41
München Ost	ab	12:12	14:12	16:12	18:12	20:12	22:12	22:12	22:12
München Hbf	an	12:21	14:21	16:24	18:21	20:21	22:21	22:21	22:21

EC 188[1,2]: verkehrt von Bologna Mo–Fr ab 31.03.2014; verkehrt nur ab Verona tgl. bis 28.03.2014, Sa+So ab 03.11.2014.
EC 1288[3]: Sa+So 29.03.–02.11.2014

TOP-TOUREN IN VENETIEN UND IM FRIAUL

Venedig, Adriaküste und das südliche Veneto ___ 38

Lagunen, Sandstrände und das zu jeder Jahreszeit faszinierende Venedig verwöhnen Besucher an der Küste Venetiens mit reichen Kunstschätzen und grenzenlosem Badevergnügen. Stille Natur im Po-Delta, das Wellnessangebot der Colli Euganei und Padua mit seinen kulturhistorischen Highlights ermuntern zu Touren ins Hinterland.

Touren in der Region

Venedig › Murano › Lido › Jesolo › Caorle › Bibione › Lignano › Marano Lagunare › Grado › Aquileia › Chioggia › Padua › Abano Terme › Abbazia di Praglia › Arquà Petrarca › Monselice › Rivella › Este › Montagnana

Verona, Vicenza und das nördliche Veneto _____ 75

Willkommen in der Stadt von Romeo und Julia, im Land des genialen Palladio und in der Heimat der besten norditalienischen Weine! Verona und Vicenza prunken mit einer schier überwältigenden Vielzahl architektonischer Highlights und romantischer Winkel; Soave, Bardolino und Valpolicella laden zur Weinkostung.

Touren in der Region

Verona › Valeggio sul Mincio › La Bassa Veronese › Valpolicella › Rovereto › Das Ostufer des Gardasees › Soave › Vicenza › Lugo di Vicenza › Asolo › Palladio-Villen › Bassano del Grappa › Cittadella

Triest, Friaul und die südöstlichen Dolomiten ____ 107

Von der kosmopolitischen Hafenstadt Triest über das venezianische
Udine bis hin zu den schroffen Felszinnen der Dolomiten ist die Grenz-
region zu Slowenien und Österreich von den drei hier aufeinander-
treffenden Kulturen geprägt – ein Zusammentreffen, das in Architektur,
Kulinarik und Kultur die kreativsten Blüten treibt.

Triest › Muggia › Miramare › Duino › Gorizia/Görz › Slowenien ›
Cormons › Collio › Cividale del Friuli › Udine › Villa Manin › Palmanova
› San Daniele del Friuli › Spilimbergo › Tolmezzo › Treviso › Conegliano ›
Feltre › Vittorio Veneto › Pordenone › Belluno › Dolomiten

Einkauf auf dem Rialto-Markt: Hier gehört Venedig noch den Venezianern

Von einer venezianischen Adelsfamilie als Sommerfrische erbaut: die prächtige Villa Contarini in Piazzola sul Brenta

REISE-PLANUNG

Die Reiseregion im Überblick

Zwischen der Lagune von Venedig und den Zackengipfeln der friulischen Dolomiten präsentiert sich Italiens Nordosten in landschaftlicher und kultureller Vielfalt. Auf kleinem Raum finden Reisende atemberaubende Kunstschätze und Architektur in Städten wie Venedig, Padua, Vicenza oder Verona, stilles Naturerleben in den Weiten des Po-Deltas oder der Lagune von Grado, auf den Hochebenen des Karstes und auf Klettersteigen der Alpen, quirliges Strandvergnügen an Adria oder Gardasee sowie kulinarische Genüsse, in denen Italien eine harmonische Liaison mit slawischen wie österreichischen Traditionen eingeht.

Venedig, die Adriaküste und das südliche Veneto bilden das Highlight der Region. Die Serenissima mit ihren überwältigenden Kunstschätzen, den grandiosen Palazzi, den Kirchen und Museen zu erfassen – dafür werden Sie mehr als eine Reise benötigen; aber auch schon ein kurzer Aufenthalt gibt eine Ahnung vom Zauber der Lagunenstadt. Eigenwillig wirkt im Kontrast dazu die Lagunenlandschaft zwischen Chioggia und Grado. Die Grenzen von Land und Meer scheinen aufgehoben, und gäbe es da nicht das bunte und oft laute Treiben der Badeorte, man empfände die Region als aus der Zeit gefallen. Mit Padua birgt das südliche Veneto einen weiteren kulturellen Schatz, Venedig nahezu ebenbürtig. Und dass auch der Körper zu seinem Recht kommt, dafür sorgen die Kurbäder der Colli Euganei nach allen Regeln der Wellnesskunst.

Verona, Vicenza und das nördliche Veneto bilden einen landschaftlichen wie kulturellen Kontrapunkt: Hügelland und Gebirge staffeln sich gen Norden zu den südlichen Ausläufern der Alpen. Verona ist geprägt von den Bauten der Römer und der Scaliger; die Stadt ist geschäftiges Wirtschaftszentrum mit lebhaftem Flair und reizvollem Shoppingangebot, umgeben von Weinstraßen um Soave und Valpolicella. Der nahe Gardasee verspricht erholsame Ferien, Badespaß sowie herrliche Wander- und Wassersportmöglichkeiten. Vicenza steht architektonisch ganz im Zeichen des großen Palladio, dessen Bauten in der Stadt, genau wie die Villen in der Umgebung, das Genie dieses Ausnahmekünstlers spiegeln. Genießer sollten zumindest einen Abstecher nach Bassano del Grappa unternehmen, der Heimat des gleichnamigen Edelbrandes aus Trester.

Mit **Triest, Friaul und den südöstlichen Dolomiten** grenzt Italien an Österreich und Slowenien. Die Einflüsse beider Kulturen sind hier in Sprache, Architektur und Speisekarte nicht zu übersehen. Als eine der wenigen Städte an der östlichen Adria war Triest Venedig nicht untertan, wovon das Stadtbild beredtes Zeugnis ablegt. Prägend war Habsburg, das dem Besucher nicht nur in der Architektur, sondern in den Triestiner Kaffeehäusern charmant entgegentritt. Der Karst hält die Stadt in herber Umarmung gefangen, beschert ihr die eisigen Winde der Bora im Winter und glühende Hitze im Sommer. In den Namen von Dörfern und Weinkellern lebt der slawische Einfluss fort, so wie auch in der Küche. Udine mit seiner venezianischen Piazza della Libertà ist die sehr mediterran wirkende, ehemalige Hauptstadt Friauls, und in Tolmezzo sind Sie schließlich in der majestätischen Bergwelt der Karnischen Alpen angekommen. Dazwischen locken Kunst- wie kulinarische Genüsse in San Daniele, Treviso und den vielen anderen Städtchen und schließlich das einmalige Wanderparadies der südöstlichen Dolomiten.

Extra-Touren

 Tour 1 **Vom Gardasee an die Adria in zehn Tagen**

Tour-Übersicht:
Riva del Garda › Malcesine › Bardolino › Sirmione › Verona › Soave › Vicenza › Padua › Monselice › Rovigo › Chioggia › Venedig

Distanzen:
Riva del Garda › Malcesine 17 km, 30 Min.; **Malcesine › Bardolino** 31 km, 45 Min.; **Bardolino › Sirmione** 42 km, 1 Std.; **Sirmione › Verona** 45 km, 45 Min.; **Verona › Soave** 31 km, 40 Min.; **Soave › Vicenza** 33 km, 40 Min.; **Vicenza › Padua** 54 km, 45 Min.; **Padua › Monselice** 28 km, 30 Min.; **Monselice › Rovigo** 25 km, 25 Min.; **Rovigo › Chioggia** 70 km, 1 Std. 10 Min.; **Chioggia › Venedig** 55 km, 1 Std. 30 Min.

Verkehrsmittel:
Am bequemsten bewältigen Sie diese Tour mit dem Auto. Mit öffentlichen Verkehrsmitteln können Sie von Verona bis Venedig die Verbindungen der italienischen Eisenbahn nutzen, deren Fahrpläne unter www.trenitalia.com (auch auf Engl.) im Internet zu finden sind. Am Ostufer des Gardasees verkehren Busse im Stunden- bis Halbstundenrhythmus; an den Wochenenden sind die Verbindungen allerdings eingeschränkt (www.atv.verona.it).

Die rund 430 km lange Genusstour von den Alpen an die Adria beginnt am **Ostufer des **Gardasees** › S. 92** mit einer kurvenreichen Fahrt von ***Riva del Garda** › S. 92** über das malerische ***Malcesine** › S. 92** und das Weinstädtchen ***Bardolino** › S. 93** in das von den Scaligern mächtig befestigte ****Sirmione** › S. 93** an der Südwestspitze des Sees. Romantische Städtchen, mediterranes Flair entlang der Seepromenaden, eine stets grandiose Bergkulisse und ele-

Inmitten des gleichnamigen Weinbaugebiets gelegen: die mittelalterliche Stadt Soave

gante Straßencafés begleiten Sie an diesem ersten Tag der Tour, die Sie noch bis *****Verona** › S. 81 fortsetzen können.

Der zweite und mindestens der halbe dritte Tag gehören der Stadt, deren Arena zu den größten der römischen Welt zählte und in der Romeo und Julia ihre unglückliche Liebe zelebrierten. Dass nach dem Sightseeing zahllose Geschäfte zum Shopping verführen, macht den besonderen Reiz Veronas aus. Tag vier steht im Zeichen von Wein, Grappa und Palladio: Über **Soave** › S. 94, wo verschiedene *cantine* zur Verkostung des trockenen Weißen laden, erreichen Sie *****Vicenza** › S. 95, die Stadt, die Andrea Palladio mit einem grandiosen Theater schmückte und in deren Umgebung Villen von klassischer Schönheit zu besichtigen sind. Wer Zeit hat, sollte noch einen Abstecher nach ****Bassano del Grappa** › S. 105 machen, nicht nur des hübschen Ortsbilds wegen.

Am fünften Tag wenden Sie sich mediterranen Gefilden zu: Für eine Besichtigung der Cappella degli Scrovegni in ****Padua** › S. 65 müssen Sie sich mindestens einen Tag vorher telefonisch anmelden, sonst bleibt Ihnen der Blick auf Giottos einzigartigen Freskenzyklus verwehrt. Die Kapelle und die vielen anderen Sehenswürdigkeiten Paduas wie auch die von Studenten geprägte Atmosphäre der Stadt können Sie zwei Tage genießen, bevor es vorbei an der Hügellandschaft der ***Colli Euganei** › S. 42 weitergeht ins wehrhaft befestigte ***Monselice** › S. 73. In **Rovigo** › S. 44 erreichen Sie die flache, von zahllosen Flussarmen gebildete Landschaft des Po-Deltas, ein Vogelparadies, wo Sie eine Übernachtung in der eleganten Tenuta Goro Veneto › S. 44 einplanen sollten.

Ziel des achten Tages ist **Chioggia** › S. 64, Venedigs kleine Schwester, wo die historischen Bauten entlang des Corso Popolo mit den *stabilimenti* des Seebads auf der Landzunge Sottomarina konkurrieren. Nach einem erholsamen Tag am Strand geht es per Bahn, Auto oder Boot in die Lagunenstadt ***Venedig*** › S. 48. Für die Königin der Adria sollte man mindestens zwei weitere Tage einplanen.

 # Von der Adria in die Alpen in einer Woche

Tour-Übersicht:
Triest › Duino › Aquileia › Grado › Portogruaro › Caorle › Treviso › Conegliano › Vittorio Veneto › Pordenone › Spilimbergo › Udine › Cividale del Friuli › Tolmezzo

Distanzen:
Triest › **Duino** 18 km, 30 Min.; **Duino** › Aquileia 36 km, 40 Min.; **Aquileia** › **Grado** 12 km, 15 Min.; **Grado** › Portogruaro 71 km, 1 Std. 15 Min.; **Portogruaro** › **Caorle** 29 km, 45 Min.; **Caorle** › Treviso 82 km, 1 Std. 15 Min.; **Treviso** › Conegliano 32 km, 35 Min.; **Conegliano** › Vittorio Veneto 18 km, 20 Min.; **Vittorio Veneto** › Pordenone 45 km, 35 Min.; **Pordenone** › **Spilimbergo** 33 km, 40 Min.; **Spilimbergo** › Udine 30 km, 45 Min.; **Udine** › **Cividale del Friuli** 18 km, 40 Min.; **Cividale del Friuli** › Tolmezzo 66 km, 1 Std.

Verkehrsmittel:
Diese Tour lässt sich am bequemsten mit dem Auto bewältigen. Wenn Sie lieber mit öffentlichen Verkehrsmitteln unterwegs sind, müssen Sie Bahn- und Busfahrten kombinieren. Die aktuellen Fahrpläne der Bahn finden Sie unter www.trenitalia.com, über die Busverbindungen informieren die jeweiligen Touristeninformationen vor Ort.

An klaren Tagen können Sie die oft noch im Frühsommer schneebepuderten Gipfel der Karnischen Alpen sehen, Ziel dieser 490 km langen Tour von **Triest** › S. 118 aus! Aber zunächst steht am ersten Tag Genießen auf dem Programm: K. u. k.-Flair, mediterrane Leichtigkeit und das Völker- und Kulturengemisch einer Hafenstadt machen Triest zu etwas Besonderem – das meint auch Krimiautor Veit Heinichen, der seinen Commissario Laurenti zwischen Adria und Karst auf Verbrecherjagd schickt › S. 116. Am Zuckerbäckerschloss **Miramare** › S. 123 vorbei führt am nächsten Tag die erste Etappe bis **Duino** › S. 124, wo der Dichter Rainer Maria Rilke 1912 seine Inspiration zu den »Duineser Elegien« fand. In ***Aquileia*** › S. 62 wird der Blick dann rückwärts gerichtet in die römische und in die mittelalterliche Geschichte – ein Besuch der Kathedrale mit ihren frühchristlichen Mo-

Über der Altstadt von Conegliano wacht der zinnenbewehrte Turm des Castelvecchio

saiken ist Pflicht. Am Ende des zweiten Tages finden Sie in ***Grado** › **S. 61**
Strand, Meer und Lagunen sowie eine Vielzahl hervorragender Restaurants.

Das reizvolle ***Portogruaro** › **S. 46** lohnt einen Zwischenstopp, bevor Sie
sich am dritten Tag dem nächsten Badeort, **Caorle** › **S. 60**, zuwenden. Hier
scheiden sich die Geister angesichts des Bade-Massenbetriebs. Falls Ihnen
nach Flucht zumute ist, dann übersehen Sie bitte dennoch nicht die stille,
aus dem 11. Jh. stammende Kathedrale des Städtchens. In ***Treviso** › **S. 133**
sind Sie dann weitab vom Baderummel, erbummeln eine zauberhafte Altstadt und lassen sich aromatischen Radicchio servieren.

Conegliano › **S. 135** und ***Vittorio Veneto** › **S. 135** sind die nächsten Stationen auf dem Weg nach Norden; hier, in der zweiten Heimat des Prosecco,
werden die verschiedenen prickelnden Tropfen verkostet und eingekauft.
*Pordenone › **S. 136** mit seinem eigenwilligen Rathaus bietet sich als Rast-
punkt an, bevor über das historische Städtchen ***Spilimbergo** › **S. 132** nach
einer langen Tagesetappe ***Udine** › **S. 128** erreicht ist. Am fünften Tag haben
Sie Zeit, die ebenso lebhafte wie überraschend venezianisch geprägte Hauptstadt Frauls zu erkunden. Auch ein Abstecher zur ***Villa Manin** › **S. 130** im
nahen Codroipo ist zu empfehlen.

Ab in die Berge führt die Tour am sechsten Tag. In ***Cividale del Friuli**
› **S. 127** sollten Sie sich Zeit nehmen für die Begegnung mit der Kultur der
geheimnisvollen Langobarden, die von hier aus ihr oberitalienisches Reich
regierten. Der letzte Tourabschnitt bis **Tolmezzo** › **S. 132** führt entlang des
Tagliamento hinein in die majestätische Bergwelt der Karnischen Alpen.

Klima & Reisezeit

Klimaregionen

Im Friaul und in Venetien begegnet das milde Mittelmeerklima der Küstenregionen den harscheren Bedingungen des Gebirges. Eine besondere Konstellation trifft der Reisende in der Karstregion an, wo der trockene Fallwind aus dem Nordosten, die *bora,* im Herbst und Winter mit schneidend kalten Böen von bis zu 150 km/h über die Hochebene und durch Triest bläst.

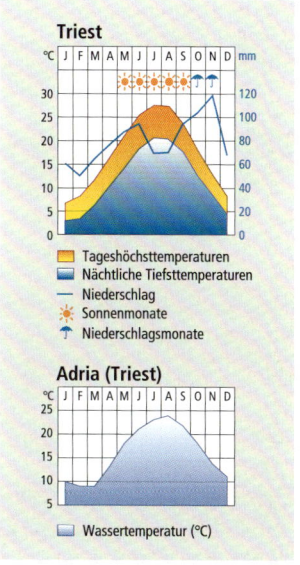

Am schönsten ist es im Frühling, wenn ein Schleier von Pfirsichblüten über dem saftigen Wiesengrün schwebt und in der klaren Luft das Schneepanorama der Alpen über der Ebene liegt. Allerdings sind Regengüsse in dieser Zeit keine Seltenheit, und häufig meldet Venedig *acqua alta* – Hochwasser. Der Hochsommer ist oft diesig, und jeder stöhnt über die *afa*, die bleierne Schwüle, die auf dem Land lastet, wenn der *scirocco* feuchte Wärme bringt. Im Herbst kann man noch lange Sonnenwärme und den milden Glanz des Lichts genießen.

Der Winter dagegen ist oft ungemütlich; häufig begleiten ihn dichter Nebel und Regen und manchmal die kalte *tramontana,* ein Schneewind aus den Alpen. Die Bergregionen locken indessen mit Schnee und Sonne Wintersportler an.

Ferien und Feste

Wie neidisch sind deutsche Schulkinder auf Italiener, die sich ganze drei Monate in die Sommerferien verabschieden dürfen. Zwischen Anfang/Mitte Juni und Anfang/Mitte September wird, mit kleinen Unterschieden von Region zu Region, die Freizeit genossen – bevorzugt natürlich am Meer. Der Höhepunkt der Ferienzeit beginnt im Juli und endet an *ferragosto* bzw. dem Wochenende danach. Italiens höchster Marienfeiertag, der 15. August, läutet den Rückzug vom Meer ein. Auf einen Schlag sind die Strände leer, die Hotels deutlich billiger – dann beginnt die ideale Reisezeit für ruhebedürftige Mitteleuropäer.

13

Einer der Höhepunkte im Veranstaltungskalender Venedigs: die Regata Storica

Das Eventkarussell dreht sich in dieser kulturell bedeutenden Region das ganze Jahr, angefangen beim venezianischen Karneval über das Tortellini- fest in Valeggio sul Mincio, die Opernfestspiele von Verona, die Biennale und die Regata Storica in Venedig bis hin zur Karsthochzeit in den Dörfern über Triest. Es wird also für jeden Geschmack etwas geboten. Vielfältig und nicht immer geschmackssicher ist das Angebot an Misswahlen und Schaum- partys in den Ferienhochburgen am Meer. Mit besonderer Inbrunst bege- hen die norditalienischen Christen die Patronatstage ihrer Kirchenheiligen und allem voran die Marienfeste. Wenn Sie die Gelegenheit haben, einem solchen Fest beizuwohnen, dann tun Sie dies bitte mit gebührender Rück- sicht und in angemessener Kleidung.

Anreise

Mit dem **Flugzeug** erreichen Sie die Flughäfen von Venedig, Verona und Triest von verschiedenen deutschen, österreichischen und Schweizer Flug- häfen aus. Neben Lufthansa (www.lufthansa.com) und Air Dolomiti (www. airdolomiti.it) gibt es mittlerweile mehrere Charterfluglinien, die zu sehr günstigen Preisen in die Region fliegen. Es lohnt sich also, die Flugpläne und Tarife verschiedener Gesellschaften zu vergleichen. Auskunft geben u. a. die Websites www.airberlin.com, www.germanwings.com, www.tuifly.com und www.ryanair.com.

Eine der Hauptrouten der **Bahn** von Deutschland nach Italien führt über Verona mit Kurswagen nach Padua und Venedig. Große und kleine Städte zwischen Trient und Triest verbindet ein dichtes Eisenbahnnetz. Autoreise- züge verkehren von verschiedenen deutschen Städten nach Verona und Triest. Infos dazu auf www.bahn.de, www.dbautozug.de und www.trenitalia. com (ital., engl.). Wer einen günstigen Bahntarif ergattern möchte (z. B. Europa-Spezial Tagesverbindung einfach ab 39 €, im Liegewagen ab 59 €), der sollte Wochen, wenn nicht Monate im Voraus ein Ticket kaufen. Infos, auch über Autoreisezüge und ECs/ICs, erhält man bei den Reisebüros oder auf der Website der Deutschen Bahn (www.bahn.de).

Busse der Deutschen Touring (www.eurolines.de) fahren mehrmals in der Woche von verschiedenen Städten aus u. a. nach Verona, Abano Terme, Montegrotto Terme, Padua und Venedig.

Der schnellste Weg mit dem **Auto** führt meist über den Brenner und auf der A 22 über Trient nach Verona, von dort über die A 4 nach Venedig und Triest. Je nach Ausgangspunkt kann auch die Anreise durch die Schweiz und den Gotthardtunnel bzw. -pass, an Mailand vorbei, sinnvoll sein. Die A 23 verbindet Österreich (Villach) über Tarvisio mit Friaul und Udine und mündet in die Autobahn Venedig–Triest.

Unterwegs mit Kindern

Bambini – gibt es ein Wort, das noch inbrünstiger aus dem Mund einer italienischen Mamma dringen kann als dieses? Vergessen Sie alles, was Sie sich zum Thema Kindererziehung vorgenommen haben, denn in Italien sind nicht Sie, sondern die Kinder Chef. Schlafenszeiten? Warum denn, nach Mitternacht spielen die Kleinen doch besonders nett. Essensregeln? Aber Pizza und Spaghetti mit Händen genossen schmecken doch noch mal so gut! Lärm? Was gibt es Schöneres als Kindergeschrei!

Beachlife an der Adriaküste

Die endlosen Sandstrände der Lidos von Grado bis Chioggia sind für Familien mit Kindern ideal. Nichts hemmt hier den Drang zum Bau immenser Burganlagen, und da das Meer fast überall sehr flach ist, können auch Kleinkinder wunderbar

planschen. Zu den Unterhaltungsangeboten für Größere gehören in nahezu jedem Strandbad Trampoline, Fußball- und Beachvolleyball-Plätze, Minigolfanlagen und mancherorts kleine Tierparks. Wenn's trotzdem langweilig wird: Viele Lidos verfügen über spezielle Freizeitparks, so **Aquasplash** bei Lignano mit riesigen Wasserrutschen und einem Piratenschiff. Von den meisten Küstenorten aus werden in der Hochsaison zudem Schiffsfahrten durch die Lagune angeboten.

▌**Aquasplash**
Viale Europa
Lignano Sabbiadoro
Tel. 04 31 42 88 26
www.aquasplash.it

Am Gardasee

Feine Kiesstrände locken am Gardasee zum Baden – allerdings ist die Wassertemperatur nur in den Sommermonaten kindgerecht. Hier kommen besonders Windsurfer (und solche, die es werden wollen) auf ihre Kosten. Kinderkurse bietet z. B. **WWWind-Square** an. Ein ganz besonderes Highlight für Kids ist der riesige Vergnügungspark **Gardaland** in Castelnuovo del Garda mit zahllosen Attraktionen wie Achterbahnen, rasanten Wasserfahrten auf Baumstämmen, Themendörfern und spannenden Shows.

▪ **WWWind-Square Malcesine**
Via Gardesana Nord 374
37018 Malcesine
Tel. 04 57 40 04 13
www.wwwind.com
▪ **Gardaland** › S. 94

Mehr als Meer

Das kulturelle Angebot, das die Eltern zu Ausflügen ins Hinterland lockt, wird von Kindern naturgemäß mit einer guten Portion Skepsis betrachtet. Man kann solche Unternehmungen aber durchaus attraktiv gestalten, indem man beispielsweise den Burganlagen und mächtigen Kastellen den Vorrang gibt. In **Soave** etwa, wo im Mai ein spektakuläres mittelalterliches Fest stattfindet › **S. 95**, oder in **Montagnana,** wo im September das berühmte historische Pferderennen Scharen von Besuchern anlockt › **S. 74**. Auch ein Rundgang durch die Arena von **Verona** › **S. 83** kann für Kinder durchaus spannend sein.

In Venedig

Selbst kleinere Kinder kann man für Venedig › **S. 48** begeistern: Wenn man eine **Gondelfahrt** unternimmt, auf den 99 m hohen **Campanile** am Markusplatz hinauffährt, den **Dogenpalast** mit seinen Verliesen und Geheimgängen besucht oder in einem der unzähligen Geschäfte die farbenprächtigen, glitzernden Karnevalsmasken bestaunt – oder vielleicht sogar eine kauft. Eine gute Adresse dafür ist **Ca' del Sol,** wo man dem Meister bei der Arbeit über die Schulter schauen kann.

▪ **Ca' del Sol**
Castello 4964
Fondamenta dell'Osmarin
www.cadelsolmascherevenezia.com

Autofreie Insel

Die **Insel Albarella** im Po-Delta ist ein Familienparadies; Autos sind nicht erlaubt, alles wird per Fahrrad erledigt, das man dort günstig mieten kann. Die Strände sind flach, das Spiel- und Spaßangebot riesig, und man wohnt in Ferienwohnungen, Reihenhäusern oder komfortablen Villen. Nähere Infos unter www.albarella.it.

Die Surfschulen am Gardasee sind auch auf Kinder eingestellt

Reisen im Land

Mit dem Auto

Italiens Autobahnen sind mautpflichtig. Über bargeldloses Zahlen, etwa mit der **Viacard,** informiert die Website www.tolltickets.com. Das Straßennetz ist gut ausgebaut; auf den teils sehr verkehrsreichen Staatsstraßen im Veneto kann es in den Stoßzeiten zu langen Staus kommen. Fahrzeuge müssen mit Warndreieck und Warnwesten ausgestattet sein (anzulegen bei Verlassen des Fahrzeugs außerhalb geschlossener Ortschaften). Außerhalb geschlossener Ortschaften ist das Abblendlicht einzuschalten (ersatzweise Tagfahrlicht). Die Mitführung der Grünen Versicherungskarte wird empfohlen. Die Promillegrenze liegt bei 0,5 (Fahranfänger 0,0). Die Innenstädte sind teilweise für Privatfahrzeuge gesperrt. **Parken** ist fast überall kostenpflichtig; bei längerem Aufenthalt sollte der Pkw auf einem bewachten Parkplatz abgestellt werden. Folgende **Tempolimits** gelten: auf Autobahnen max. 130 km/h (150 km/h bei entsprechender Beschilderung), auf Land- und Schnellstraßen 90 km/h, innerorts 50 km/h. Den italienischen **Automobilclub ACI** erreicht man unter Tel. 80 31 16 oder 800 00 01 16, www.aci.it (24-Std.-Service).

In allen größeren Orten finden Sie Vertretungen internationaler wie nationaler **Mietwagenfirmen.** Prüfen Sie das Fahrzeug bei der Übergabe genau, besonders auf kleine Blechschäden, und lassen Sie diese erfassen, um Haftungsprobleme bei der Rückgabe auszuschließen. Es empfiehlt sich, einen Mietwagen schon von daheim zu buchen, die Tarife sind oft wesentlich günstiger (z. B. www.holidayautos.de). Auch die Airlines bieten mitunter kombinierte Angebote an.

Mit Bus und Bahn

Die Fahrt mit Zug und Bus ist, verglichen mit deutschen Preisen, noch immer günstig. In Italien operieren zahlreiche private Busgesellschaften; erkundigen Sie sich bei den Tourismusbüros vor Ort über günstige und schnelle Verbindungen. An das Schienennetz sind auch abgelegene Orte angebunden; allerdings ist dann teils mit langen Fahrt- und Umsteigezeiten zu rechnen. Im Internet können Sie sich auf der Website www.trenitalia.com über die einzelnen Verbindungen informieren. Sollte der Fahrkartenschalter geschlossen sein: Auch viele Tabacchi-Läden verkaufen Bahntickets. Bei Nachlösung im Zug wird ein hoher Strafzuschlag fällig.

Taxi

Taxis finden Sie an den ausgewiesenen Standplätzen, oder sie halten ein vorbeifahrendes Fahrzeug an. Nutzen Sie nur die offiziell zugelassenen Taxis. Die Tarife liegen leicht unter den bei uns üblichen; für Gepäckstücke und Nachtfahrten wird ein Zuschlag erhoben.

Sport & Aktivitäten

Auf Urlauber wartet in Venetien und im Friaul ein breites Sport- und Freizeitangebot. Während die nördlichen Regionen vor allem für Wanderer und Mountainbikefahrer interessant sind, stehen im Süden Baden und Wassersport im Vordergrund.

Sport am und im Wasser

Die Adriaküsten des Veneto und des Friaul bieten eine Fülle sportlicher Betätigungen. Die langen, mitunter auch sehr breiten Sandstrände eignen sich für Beachvolleyball, Basketball, Fußball und Jogging. In Caorle, Bibione, Grado oder Duino findet man auch Segel-, Tauch- und Windsurfschulen. Misterblu z. B. ist eine deutschsprachige Tauchbasis. Die flachen Lagunen von Grado Pineta sind ideal für Kitesurfer, Unterricht erteilt die Marzio Kite School. Surfen lernt man u. a. bei Gigi Surf. Weitere Adressen bei den örtlichen Fremdenverkehrsämtern.

Misterblu
- Lignano Sabbiadoro
- Zona Marina Uno | Viale Adriatico 11
- Mobil-Tel. 33 39 78 91 74
- www.misterblu.com

Marzio Kite School
- Grado Pineta
- Al Bosco
- Mobil-Tel. 34 07 04 61 93
- www.marziokiteschoolgrado.com

Gigi Surf
- Bibione | Lido dei Pini
- Via Procione
- Mobil-Tel. 32 83 71 77 63
- www.gigisurf.it

Wandern

Zahllose ausgewiesene Wanderwege bietet Friaul-Julisch Venetien, doch auch die Euganeischen Hügel mit ihren Festungen, Klöstern und pittoresken Dörfern eignen sich hervorragend für ausgedehnte Wanderungen. In acht Etappen führt der **Karnische Höhenweg** auf ca. 155 km entlang der Grenze Österreichs und Italiens auf dem Hauptkamm durchs Friaul. Weitere Tourentipps finden sich auf www.turismofvg.it. Die europäische **Via Alpina** führt auf einem Teilstück von Triest ins nördliche Friaul (Infos unter www.via-alpina.org). Kombinierte Wander- und Kulturreisen durch Veneto und

In den Dolomiti Bellunesi warten grandiose Landschaftsszenarien auf Wanderer

Friaul hat der Veranstalter Wikinger Reisen im Programm. Heideker Reisen organisiert Wanderreisen in die Colli Euganei.

Wikinger Reisen
▪ Kölner Str. 20
▪ 58135 Hagen
▪ Tel. 023 31/90 46
▪ www.wikinger-reisen.de

Heideker Reisen
▪ Dottinger Str. 55
▪ 72525 Münsingen
▪ Tel. 073 81/939 50
▪ www.heideker.de

Golf

Mit über 30 Plätzen in Venetien und weiteren sieben im Friaul haben Golfer die Qual der Wahl. Zwei der besten Greens liegen in den Colli Euganei: der Golfclub Padua in Valsanzibio di Galzignano (18 Löcher, 6053 m, Par 72) und der Golfclub in Frassanelle di Rovolon (18 Löcher, 6120 m, Par 72), die einen historischen Villenpark einbeziehen. Eine Übersicht über die Golfplätze mit weiterführenden Links bieten die Webseiten www.turismofvg.it und www.golf-veneto.de.

Golfclub Padua
▪ Valsanzibio di Galzignano
▪ Via Noiera 57
▪ Tel. 04 99 13 00 78
▪ www.golfclub-padova.de

Golfclub Frassanelle
▪ Frassanelle di Rovolon
▪ Tel. 04 99 91 07 22
▪ www.golfclub-frassanelle.de

Reiten

Reiten kann man in einigen feineren Landhotels sowie landwirtschaftlichen Betrieben (Agriturismo › S. 21). Vom südlichen Friaul lohnt ein Abstecher ins slowenische Lipizzanergestüt Lipica bei Sežana, östlich von Triest. Vorführungen der hohen Schule, Reitkurse, -ausflüge und Kutschenfahrten gehören hier zum umfangreichen Freizeitprogramm (www.lipica.org).

Wellness

Wellnesscenter mit unterschiedlichen Behandlungsangeboten gehören mittlerweile zum Standard der meisten gehobenen Hotels. Thermalpools, Saunen, Dampfbäder und verschiedene Therapien offeriert z. B. das moderne Spa von Bibione.

Eine gute Mischung aus Kur, Sport und Ausflügen bieten die Thermalkomplexe von Abano Terme › S. 70 und Montegrotto Terme › S. 71 bei Padua. Neben der klassischen Fangotherapie werden auch andere Behandlungen angeboten.

Bibione Thermae
▪ Via delle Colonie 3
▪ Tel. 04 31 44 11 11
▪ www.bibioneterme.com

IAT Abano Terme
▪ Via Pietro d'Abano 18
▪ Tel. 04 98 66 90 55
▪ www.abanoterme.net

IAT Montegrotto Terme
▪ Viale Stazione 60
▪ Tel. 049 79 33 84
▪ www.montegrotto.org

Unterkunft

Vom romantischen Bed & Breakfast (www.bed-and-breakfast.it) über das luxuriöse Schlosshotel bis zu feinen Designhäusern reicht das Angebot an Unterkünften; wer lieber zeltet, findet auf den Lidos, entlang des Gardasees sowie auch auf zahllosen kleineren Campingplätzen einen passenden Stellplatz (www.camping.it).

Hotels und Pensionen

Hotels sind mit einem Sternchensystem nach mitteleuropäischem Standard klassifiziert, doch nach wie vor entsprechen viele Strandhotels an den großen Lidos ihrer Klassifikation nicht. In den großen Kunststädten – Venedig, Verona, Padua – liegen die Zimmerpreise deutlich über dem norditalienischen Durchschnitt, in der Hochsaison steigen sie auch in den Ferienregionen. Es lohnt sich, den Preis direkt anzufragen, denn zwischen den offiziellen und den tatsächlich geforderten Tarifen kann ein großer Unterschied bestehen. Oft wohnt man günstiger und angenehmer in einer familiär geführten Pension als im 3-Sterne-Hotel.

Ferienhäuser und Apartments

Auch hier erwartet den Gast ein unüberschaubares Angebot. Achten Sie bei der Buchung darauf, dass eine deutschsprachige Betreuung vor Ort gewährleistet ist, falls es Probleme oder Reklamationen gibt. Eine Online-Such- bzw. Buchungsfunktion bieten www.turismofvg.it für Friaul-Julisch Venetien unter »Übernachten« sowie www.veneto.to für das Veneto unter »Guida pratica« und »Dove alloggiare«.

Agriturismo

Ferien auf dem Bauernhof, der in Venetien/Friaul durchaus ein historisches Landgut sein kann, bringen einem Land, Leute und Küche näher. Die meisten Betriebe bieten ein großes Freizeitangebot, verleihen Pferde oder Räder. Auch luxuriöse Agriturismi sind preislich günstiger als gleichwertige Hotels. Empfehlenswerte Vermittler bzw. Zusammenschlusse: www.agriturismo.it, www.agriturismofriulivg.it oder www.veneto-agriturismo.it.

Die besten Agriturismo-Betriebe

- Mountainbiketouren, Reiten, Vogelbeobachtung und Baden im hauseigenen Pool bietet die **Tenuta Goro Veneto** im Po-Delta › S. 44.
- Weiß und puristisch präsentiert sich der **Agriturismo San Michele** unweit Palladios Villa La Rotonda bei **Vicenza** › S. 102.
- Zwischen einem modernen Holzloft und einem nostalgischen Oma-Häuschen wählen Sie im **La Subida, Cormons** › S. 126.
- Frühstücken vor Dolomitenpanorama können Sie in der **Azienda Sant' Anna, Belluno** › S. 138.

Heute wie schon vor 2000 Jahren
schlägt Veronas Herz auf der zentralen
Piazza delle Erbe

LAND & LEUTE

STECKBRIEF

Friaul-Julisch Venetien
- **Hauptstadt:** Triest
- **Fläche:** 7856 km²
- **Bevölkerung:** 1,2 Mio.,
  151 Einw./km²
- **Arbeitslosenquote:** 8,5 %

- **Landesvorwahl:** 0039
- **Währung:** Euro
- **Zeitzone:** MEZ

Venetien
- **Hauptstadt:** Venedig
- **Fläche:** 18 391 km²
- **Bevölkerung:** 4,7 Mio.,
  246 Einw./km²
- **Arbeitslosenquote:** um 8 %

Lage
Friaul, italienisch Friuli-Venezia Giulia, ist Italiens östlichste Region und grenzt im südlichen Teil an Slowenien, im nördlichen an das österreichische Bundesland Kärnten. Venetien, das die Italiener Veneto nennen, zieht sich daran westlich anschließend von der Adria bis zum Ostufer des Gardasees und nach Norden bis zu den Dolomiten.

Politik und Verwaltung
Italien ist eine Parlamentarische Republik. Das zurzeit amtierende Staatsoberhaupt ist Giorgio Napolitano, Ministerpräsident Enrico Letta. Venetien und Friaul sind zwei der insgesamt 20 italienischen Regionen. Verwaltet werden sie jeweils von einem Regionalparlament; jeder Provinz steht ein Regionalpräfekt vor. Das Friaul besitzt wegen der dort lebenden Sprachminderheiten seit 1963 den Status einer autonomen Region und damit eine größere Eigenständigkeit. In der traditionell konservativ geprägten Region unterstützen viele Wähler Berlusconis Forza Italia (jetzt PDL) und die separatistische Lega Nord. Amtierender Präsident Venetiens ist Luca Zaia von der Lega Nord. Das Friaul wird von Debora Serracchiani geführt, die der PD im Mitte-Links-Spektrum angehört.

Wirtschaft
In den Jahrzehnten nach dem Zweiten Weltkrieg hat sich der Nordosten Italiens von einem rückständigen Agrarland mit hoher Emigrationsrate in eine der blühendsten Industrieregionen des Landes verwandelt. Breit gefächert, auch in der geografischen Vertei-

lung, ist die Palette der Wirtschaftszweige – von der Textilindustrie bis hin zu Möbelfabriken. International bekannt sind Firmen wie Zanussi (Haushaltsgeräte) in Pordenone oder der Textilriese Benetton in Treviso. In Agordo hat Europas größter Brillenhersteller Luxottica seinen Sitz. Wichtig ist auch die Agrarindustrie, vor allem der Weinbau. Der Tourismus an der Adria und in den Alpen spielt ebenfalls eine große wirtschaftliche Rolle.

Die Auswirkungen der Wirtschaftskrise sind auch im Veneto und im Friaul stark zu spüren. Viele Unternehmen wanderten wegen der hohen Besteuerung nach Kärnten oder Slowenien ab. Die Arbeitslosigkeit ist hoch, insbesondere bei Jugendlichen (über 30 %).

Umweltprobleme

Dass der Schutz der Umwelt über Jahrzehnte gegenüber der wirtschaftlichen Entwicklung vernachlässigt wurde, bezeugen u. a. die weitgehende Zersiedelung der Landschaft und der Giftmüllskandal Mitte der 1990er-Jahre in der Lagune von Venedig. Nur ein einziger Nationalpark – die Dolomiti Bellunesi (seit 2009 UNESCO-Weltnaturerbe) – ist in der Region ausgewiesen; Venetien verzeichnet daneben fünf Regionalparks, Friaul zwei. Wie nachlässig immer noch mit der Umwelt umgegangen wird, beweist die Ölkatastrophe, die 2010 durch Sabotage in einer Erdölraffinerie an einem Nebenfluss des Po ausgelöst wurde. 600 000 l Öl trieben vom Lambro in den Po und der

Adria (und dem naturgeschützten Po-Delta) entgegen, ohne dass dies den staatlichen Medien eine größere Meldung wert gewesen wäre.

Dass es mit der Kontrolle der Industriebetriebe nicht zum Besten steht, belegen auch folgende Zahlen: Nur zwei Strände im Friaul und sechs im Veneto durften sich 2013 mit dem Gütesiegel der Blauen Flagge für Sauberkeit und Umweltverträglichkeit schmücken. Gegenüber, am Ostufer der Adria, waren es im ländlich geprägten kroatischen Istrien dagegen 40!

Bevölkerung und Sprache

Schon der venezianische Komödiendichter Carlo Goldoni bescheinigte seinen Landsleuten: »Il carattere della nazione è l'allegria«. Lebensfreude und Liebenswürdigkeit besitzen sie noch immer, außerdem Fleiß und Fantasie. Kleine Genüsse wie die *ombra* und eine *chiacchiera*, ein Gläschen Wein und ein Schwatz an der Bar, gehören zu den notwendigen Unterbrechungen des Alltags.

Entlang der Livenza verläuft die Sprachgrenze zwischen dem Venezianischen und Friulischen. Das *furlan* ist ein rätoromanischer Dialekt, der sich aus dem Vulgärlatein der keltischen Karner entwickelte, die zur Römerzeit im Gebiet des heutigen Friaul lebten. Rund 40 % der Bewohner Friauls sprechen Furlan als Muttersprache. Daneben gibt es slowenische Minderheiten in Triest und Gorizia (Görz), die Sonderrechte wie muttersprachlichen Unterricht genießen.

Geschichte im Überblick

1. Jt. v. Chr. Paläovenetische Kultur der Euganeer und Veneter.

181 v. Chr. Gründung Aquileias.

15 v. Chr. Gründung der X. Regio Venetia et Histria. Die wichtigsten Städte sind Aquileia, Padua und Verona.

Ab 452 Die Hunnen zerstören Aquileia. Die obere Adria wird nach dem Ende des Weströmischen Reiches Teil des oströmischen Exarchats.

568 Einfall der Langobarden und Gründung eines langobardischen Herzogtums mit der Hauptstadt Cividale. Flucht der Bevölkerung aus den küstennahen Städten in die Lagunen der Adria. Venedig entwickelt sich. Der Küstenbereich bleibt byzantinisch.

774 Karl der Große besiegt die Langobarden. Aufstieg Venedigs.

8.–10. Jh. Die einstigen Römerstädte werden zu Stützpunkten von Feudalherren und Bischöfen.

11. Jh. Italien wird Teil des Heiligen Römischen Reiches Deutscher Nation.

12. Jh. Bevölkerungs- und Wirtschaftswachstum; die Städte des Veneto erkämpfen gegen Friedrich Barbarossa die Stadtfreiheit.

13./14. Jh. Aus den freien Kommunen werden Signorien: Adelige Herrschergeschlechter – z. B. die da Romano, della Scala (Verona) und Carrara (Padua) – regieren die Städte.

1383 Triest unterstellt sich der österreichischen Schutzherrschaft.

15. Jh. Venedig ergreift Besitz vom Hinterland; die Terra Ferma reicht bis zu den Alpentälern.

1500 Görz und Ostfriaul fallen an die Habsburger.

16. Jh. Blütezeit der Städte. Repräsentative neue Stadtarchitektur, Villen auf dem Lande.

17./18. Jh. Niedergang der venezianischen Wirtschaftsmacht.

1797 Napoleon und Österreich diktieren den Frieden von Campoformio. Ende der Republik Venedig.

1805 Das Veneto wird mit der Lombardei, dem Trentino und Friaul österreichisch.

1866 Westfriaul und Venetien kommen zum neuen Königreich Italien.

1918 Auch das Trentino und Triest samt Istrien werden italienisch.

1945/47 Nach dem Zweiten Weltkrieg fällt Istrien an Jugoslawien.

2001 Silvio Berlusconi (Forza Italia) wird Ministerpräsident.

2006 Knappe Mehrheit für ein Mitte-Links-Bündnis. Italien wird Fußballweltmeister.

2008 Mit seiner neuen Partei Volk der Freiheit (Popolo della Libertà, PDL) wird Silvio Berlusconi erneut zum Ministerpräsidenten gewählt.

2010 Luca Zaia (Lega Nord) gewinnt die Regionalwahlen im Veneto.

2013 Berlusconi wird erstmals rechtskräftig verurteilt. Das Friaul erhält eine Mitte-Links-Regierung unter Führung von Debora Serracchiani (PD).

Natur & Umwelt

Landschaftliche Gliederung

Die oberitalienische Landschaft ist von außerordentlicher Vielfalt, von den grandiosen Felszacken der Dolomiten und den rauen Waldhängen der Karnischen Alpen über Voralpen und sanftes Hügelland hinunter zur Adriaküste mit ausgedehnten Sandstränden, Lagunen und dem Delta des Po. Nur 100 km Luftlinie trennen die imposanten Dreitausender der Dolomiten im Friaul und nördlichen Veneto von der Küstenebene, wo das Land teilweise tiefer als der Meeresspiegel liegt. Wie Inseln erheben sich daraus der Höhenzug der Monti Berici und die Colli Euganei mit ihren Thermalquellen. Charakteristisch für das Küstenland von Triest ist der weiße Karst, ein poröses Kalksteingebirge mit unterirdischen Wasserläufen und Höhlen › S. 28.

Die großen Flusstäler von Adige (Etsch) und Tagliamento dienen seit Menschengedenken als die wichtigsten Transitwege in die Länder jenseits der Alpen. Das amphibische Reich des Po-Deltas und der Lagunen von Venedig, Marano und Grado, im Wechselspiel von Meer und Flüssen geformt, ist durch Urbarmachung *(bonifica)* stark reduziert worden. Wilde Vegetation gibt es nur in geschützten Biotopen, z.B. an der Mündung des Tagliamento und im Po-Delta. Im Mikroklima der Monti Berici und Colli Euganei grünt und blüht auch Mediterranes.

Fauna und Flora

Im Bereich des Veneto und des Friaul vollzieht sich der Übergang von der alpinen zur mediterranen Natur: Während Steinböcke, Murmeltiere und manchmal sogar Bären die Dolomiten und Karnischen Alpen durchstreifen, nisten in den Klippen von Duino Wanderfalken, spielen Delfine im glasklaren Meer der Adria. Das Po-Delta und die Lagunen bieten Lebensräume für eine artenreiche Vogelwelt, darunter seltene Vertreter wie die Zwergscharbe oder die Rüppellseeschwalbe.

Auch die Pflanzenwelt ist vielfältig und reicht vom Frauenschuh auf den Almwiesen Karniens über die mit Weinreben bepflanzten Hänge des Collio bis hin zu den Schilfgrasgürteln des Po-Deltas und den silbrig glänzenden Olivenbäumen im Triestiner Karst.

SEITENBLICK

Weltnaturerbe Dolomiten
2009 erklärte die UNESCO einzelne Gebirgsstöcke der Dolomiten zum Weltnaturerbe; in Venetien und im Friaul sind dies die Gruppe Pelmo-Nuvolau südwestlich von Cortina d'Ampezzo, die Marmolada südlich des Pordoijochs, die Vette Feltrine um die Vezzana in den Dolomiti Bellunesi (nördlich des gleichnamigen Nationalparks) › S. 138, die Dolomiti Friulane › S. 138 und die Dolomiti Cadorine nördlich des Naturparks.

Mondlandschaft und ländliche Küche

Hinter Triest beginnt der Karst. Eine Welt aus weißen, zerklüfteten Kalkfelsen, die sich zu einer bizarren Landschaft fügen. Der Blick fällt in trichterförmige Dolinen und weit verzweigte unterirdische Höhlen, entstanden in Jahrmillionen, während derer das in Niederschlägen enthaltene Kohlendioxid den Kalk gelöst hat. Mehr als 5200 Höhlen wurden im Triestiner Karst bereits entdeckt; Hunderte von Hohlräumen sind noch verborgen. Der Abstieg in die Tropfsteinlandschaften des Carso eröffnet eine faszinierende Unterwelt voller Geheimnisse.

1 Unterirdischer Größenwahn

Eine der größten Höhlen der Welt ist die **Grotta Gigante,** die 1840 zufällig entdeckt wurde und ihrem Namen alle Ehre macht: 115 m ist sie hoch, 280 m lang und 65 m breit. Der Petersdom, so heißt es, würde in der Höhle Platz finden. 500 Stufen steigt man hinab in die faszinierende unterirdische Welt. Die Tropfsteingebilde sind bis zu 12 m hoch gewachsen, sie sind unvorstellbar alt, wenn man bedenkt, dass ein Stalagmit im Jahr nur um 0,2 mm wächst. Im Eingangsbereich informiert ein kleines Museum über die Entdeckung der Höhle.

❚ Grotta Gigante
Borgo Grotta Gigante
34010 Sgonico (Triest)
Tel. 040 32 73 12
www.grottagigante.it
Führungen April–Juni und Sept.
tgl. außer Mo, Juli/Aug. tgl. 10–18,
Okt.–März tgl außer Mo 10–16 Uhr
jeweils zur vollen Stunde.

Bild oben: Vor allem wegen seiner Unterwelt viel besucht – der Triestiner Karst

Weitere Höhlen im Friaul

Rund 10 km nördlich von Cividale del Friuli, in Pulfero, birgt die 400 m lange **Grotta di San Giovanni d'Antro** die Überreste einer ehemaligen gotischen Kapelle (nähere Informationen unter Tel. 33 98 40 31 96, www.nediskedoline.it, Besichtigung nur nach Voranmeldung sowie So von 14 Uhr bis Sonnenuntergang). Bei Villanova führt die 7 km lange **Grotta Nuova di Villanova** in eine Tiefe von 340 m hinab (Tel. 39 21 30 65 50, www.grottedivillanova.it, März–Juni und Sept. So, Fei 10–12, 14–18, Juli/Aug. tgl. 9–18 Uhr, im Winter eingeschränkt).

Der Karst literarisch

Dante, Stefan Zweig, Giuseppe Ungaretti, Peter Handke, Scipio Slataper – der *carso triestino,* jene »Landschaft aus Kalk und Wacholder« und ihr zerklüftetes Gestein, inspirierte sie und viele andere Schriftsteller. Im österreichischen Wieser Verlag ist in der Reihe »Europa erlesen« die Anthologie »Karst« erschienen (Klagenfurt 1997).

Karst aktiv

Ein weit verzweigtes Netz von Wanderwegen erschließt den Karst. Einen der schönsten verdanken wir Napoleon, der zwischen Opicina und Prosecco einen Panoramaweg anlegen ließ. Auch Kletterfreunde kommen in der zerklüfteten Felsenwelt voll auf ihre Kosten – dafür ist allerdings viel Erfahrung erforderlich. Kartenmaterial und Tourentipps bekommt man beim Tourismusbüro in Triest › S. 121.

▪ **Trieste Infopoint**
Via dell'Orologio 1/Piazza Unità
Tel. 04 03 47 83 12
www.triesteturismo.net

Nozze Carsiche

In Monrupino wird in der letzten Augustwoche vier Tage lang die **Karsthochzeit** zelebriert, eine Massenhochzeit, die mit dem Abschied vom Junggesellenleben beginnt. Sie findet alle zwei Jahre statt, das nächste Mal 2015. Die slowenische Minderheit der Gegend holt dann die alten Trachten aus dem Schrank und schlemmt, trinkt und tanzt ohne Unterlass.

Flora des Karsts

Den Artenreichtum der Karstflora veranschaulicht der botanische Garten **Carsiana**. Auf 6000 m² versammelt er die schönsten Blüten und Gewächse der Landschaft.

▪ **Carsiana**
an der Straße von Sgonico nach Gabrovizza (ausgeschildert)
Tel. 040 22 95 73
www.giardinobotanicocarsiana.it
Mai–Okt. Di–Fr 9.30–13, Sa, So, Fei 10–13, 14–19 Uhr

Der Karst kulinarisch

Das **Ristorante Carso** in Monrupino umgibt die alten Rezepte des Karst mit einem neuem Gewand und die Köche wissen die Ideen absolut köstlich umzusetzen (Mi geschl.).

▪ **Ristorante Carso** ●●
Via Zolla 1
34016 Col Monrupino
Tel. 040 32 71 13
www.ristorantecarso.it

Kunst & Kultur

Die Region zwischen Alpen, Adria und Po ist seit Jahrtausenden ein Schmelztiegel unterschiedlichster Kulturen. Vielerorts erkennt man bis heute die kulturellen Einflüsse aus Orient und Okzident. Das zweifellos großartigste Produkt dieser Verschmelzung stellt Venedig › S. 48 dar.

Zwischen Antike und Mittelalter

Zahlreiche Städte im Veneto und im Friaul sind nach römischem Muster erbaut worden: mit rechtwinkligem Straßennetz um das zentrale Achsenkreuz von *cardo* und *decumanus* und dem öffentlichen *forum* in der Mitte. Verona › S. 81 besitzt die meisten Denkmäler der römischen Antike, darunter die monumentale Arena.

Aquileia war schon im 4. Jh. bedeutender Bischofssitz. Aus dieser Zeit stammt der wunderbare spätantike Mosaikboden des Doms › S. 63. Als die Bewohner der Römerstädte im 6. Jh. vor den Invasionen von Hunnen, Goten und Langobarden in das Labyrinth der Lagunen fliehen mussten, begann die Sonderentwicklung Seevenetiens, das politisch und kulturell mit Byzanz verbunden blieb.

Romanik und Gotik

Mit der Epoche der freien Kommunen vollzog sich im 12. Jh. der Ausbau der Städte, die von den Bürgern zu einem großen Gesamtkunstwerk gestaltet wurden. Die Ablösung der Bürgerherrschaft durch die der adligen Signorien fiel in die Zeit des Stilwechsels von der Romanik zur Gotik (13./14. Jh.). Es entstanden die großen Kirchen der Bettelorden wie Sant' Anastasia in Verona › S. 85, aber auch die mächtigen Zwingburgen der ritterlichen Tyrannen, die im 14. Jh. die meisten der Städte beherrschten. Die zinnengeschmückten Mauern der Scaliger sind bis heute das Wahrzeichen vieler Orte vom Gardasee bis Soave.

Das 14. Jh. war zugleich eine große Epoche der Wandmalerei. Gleich zu Anfang des »Trecento« entstand ein epochales Meisterwerk, Giottos Freskenzyklus in der Arena-Kapelle in Padua › S. 69.

Renaissance und Barock

Die Ausbreitung der Renaissance im Veneto fiel zusammen mit der politischen Unterwerfung der Region unter die Herrschaft Venedigs. Der politischen folgte die kulturelle Assimilierung. Im 16. Jh. zog Venedig viele Künstler des venezianischen Festlands an, darunter Giorgione (1478–1510), Tizian (1488–1576) und Paolo Caliari (1528–1588), nach seiner Geburtsstadt Veronese genannt. In der Architektur schmückten nun elegante Loggien, ein Uhrturm und die obligatorische Säule mit dem Markuslöwen die

Piazze. Eine eigene Architektursprache kultivierten der Veroneser Stadtbaumeister Michele Sanmicheli (1484–1559) und Andrea Palladio (1508–1580) aus Vicenza, einer der einflussreichsten Männer in der europäischen Architekturgeschichte und Erbauer zahlreicher Villen. Die meisten dieser Landhäuser gehörten dem venezianischen Adel und waren das Zentrum der landwirtschaftlichen Güter, mit deren Erwerb Venedig das Hinterland

Repräsentativ: Villa Pisani in Strà

«kolonisierte». Besondere Bekanntheit erlangten die Villa Foscari (»La Malcontenta«) an der Brenta › **S. 42** und die Villa La Rotonda bei Vicenza › **S. 100**. Palladio legte die Villen-Typologie für Generationen fest: ein Kubus, maßvoll in Größe und Dekor, als Herrenhaus mit Säulen und Giebeln und Wirtschaftsgebäude als niedrige Seitenflügel mit Bogengängen *(barchesse)*. Insgesamt 4000 Villen entstanden zwischen dem 15. und 19. Jh. in der Region, viele entlang des Brenta-Kanals › **S. 39** zwischen Venedig und Padua.

Als unbestrittener Meister der spätbarocken Malerei gilt Giovanni Battista Tiepolo (1696–1770), dessen wunderbare Raumdekorationen u. a. im Palazzo Arcivescovile in Udine › **S. 129** und in der Villa Valmarana ai Nani bei Vicenza › **S. 100** zu bewundern sind.

› **S. 42** … › **S. 100** … › **S. 39** … › **S. 129** … › **S. 100**

SEITENBLICK

Literatur in Triest

Im 19. Jh. stieg der (österreichische) Hafen von Triest zum großen Handelsplatz der Donaumonarchie auf. Das multiethnische Triest, italienisch, österreichisch, slowenisch mit jüdischen, griechischen, serbischen und armenischen Minderheiten, wurde gegen Ende des Jahrhunderts auch eine Stadt der Literatur.

Der Lackfabrikant Ettore Schmitz, der sich als Dichter Italo Svevo (1861–1928) nannte, war ein echter Triestiner, jüdischer Kaufmann deutsch-italienischer Abstammung. Mit seinen Erzählungen und Romanen, besonders dem Spätwerk »Zeno Cosini« (1923), gehört er zur literarischen Avantgarde des 20. Jhs. Weitere bedeutende Dichter des 20. Jhs. aus Triest sind der Lyriker Umberto Saba (1883–1957) und Scipio Slataper (1888–1915), der als glühender italienischer Patriot slawisch-italienisch-deutscher Abstammung die »gequälte Seele« der Stadt zwischen den Kulturen verkörperte. Zu den wichtigsten zeitgenössischen Vertretern gehören Fulvio Tomizza (1935–1999) und Claudio Magris (geb. 1939).

Als Lektüre zur Einstimmung auf Triest als Literaturstadt ist die Anthologie »Europa erlesen – Triest« zu empfehlen (Wieser Verlag, Klagenfurt 1997).

Feste & Veranstaltungen

Die Liste der Volksfeste, Festivals und Kulturevents ist lang. Viele Veranstaltungen widmen sich kulinarischen Themen. Im Folgenden eine Auswahl spannender, anregender und malerischer Feste:

Festkalender

Februar: **Karneval,** nicht nur in Venedig, aber hier mit den kunstvollen Masken besonders spektakulär.

Ende März: Veronas Volkslauf **Palio del Drappo Verde** geht bis auf die Scaligerzeit zurück.

April: **Vinitaly** in Verona – größte Weinmesse Italiens.

Juni: Bei der **Festa del Nodo d'amore** Mitte des Monats in Valeggio sul Mincio essen Tausende Besucher Tortellini auf der mittelalterlichen Brücke. Ende Juni geht's nach San Daniele zur **Aria di Festa** mit Schinkenkostung.

Mitte Juni bis Anfang September: Opernfestspiele in Verona.

Juli: Am ersten Sonntag im Juli **Perdón de Barbana** – beeindruckende Bootsprozession von Grado zur Laguneninsel Barbana.

August: **Palio di Feltre** mit Pferderennen in mittelalterlichen Gewändern am ersten Augustwochenende in Feltre. Am letzten Augustwochenende in ungeraden Jahren Karsthochzeit, **Nozze Carsiche,** in Monrupino.

Ende August bis Ende November: **Biennale** von Venedig: alternierende Schau zeitgenössischer Kunst (ungerade Jahre) und Architektur (gerade Jahre).

September: Farbenprächtige **Regata Storica** in Venedig am ersten Sonntag. Am ersten Septemberwochenende **Palio dei 10 Comuni** in Montagnana mit mittelalterlichem Mahl und Pferderennen. Das zweite Wochenende gehört in geraden Jahren der **Schachpartie mit lebenden Figuren** in Marostica › S. 80. Am zweiten Sonntag im September bietet die **Brenta Fiorita** mit den Bootsfahrten in historischen Kostümen auf dem Brenta-Kanal ein faszinierendes Spektakel.

Dezember: Mitte Dezember steht der Radicchio im Mittelpunkt der **Antica Mostra del Radicchio** in Treviso. Zahlreiche Städte halten stimmungsvolle **Weihnachtsmärkte** ab; die **Rassegna del Presepio** in der Arena von Verona zeigt Krippen aus aller Welt.

Schachpartie in Marostica

Essen & Trinken

Hummerravioli in Pernodsauce, Melonenrisotto mit Zucchiniblüten, getrüffelte Gnocchetti? Wie wär's zum Nachtisch mit Feigen-Crespelle und Minzeeis? Auch kulinarisch sind Venetien und das Friaul äußerst attraktive Reiseziele und das Angebot an guten Restaurantadressen ist schier unübersehbar. Im *ristorante* wird zumeist gehobene Küche serviert; die *trattoria* hingegen gibt sich einfacher und uriger, mit Schwerpunkt auf regionaler oder Hausmannskost. In einer *rosticceria* stehen vorrangig Grillgerichte auf der Karte, und eine *osteria* ist die ländliche Variante der Trattoria, kann aber auch die venezianische Entsprechung des Triestiner *buffet* › S. 122 bezeichnen. Hier verzehrt man zumeist schnelle Gerichte im Stehen; die *osmizze* in der Karstregion sind Buschenschänken, die nur eine bestimmte Zeit im Jahr öffnen und deftiges Essen und jungen Wein servieren.

Fest zum Alltag gehört im Veneto und im Friaul das *andar per ombra* (wörtlich: in den Schatten gehen): Am späten Vormittag bzw. frühen Abend kehrt man auf ein Glas Wein in eine Osteria ein, dazu gibt's *cichetti* (Häppchen). Getränke oder Snacks sind übrigens deutlich preiswerter, wenn Sie sie »al bar«, also an der Theke, verzehren und sich nicht am Tisch servieren lassen.

Regionale Spezialitäten

Der Ruhm der Küche des Veneto basiert auf der absoluten Frische und Qualität der Produkte, auf Leichtigkeit und kreativer Fantasie. In guten Lokalen wird täglich alles frisch zubereitet, von den Teigwaren – *pasta fatta in casa* – bis hin zu den *dolci*, den verführerischen Nachspeisen.

In Küstennähe überwiegen Meeresfisch und Krustentiere, in den Hügel- und Bergregionen Fleisch. Zur Herbstsaison werden dort häu-

Die typischsten Restaurants

- Ein kulinarischer Geheimtipp ist das **Al Storico da Crea** in Venedig, versteckt gelegen in einer Werft auf der Giudecca › S. 55.
- Das **Al Traghetto** in Jesolo beweist, dass selbst in diesem Touristenzentrum wunderbare Kochtraditionen bewahrt werden konnten › S. 60.
- Wunderbar romantisch am alten Bootssteg gelegen: das **Al Pontil de Tripoli** auf der Isola della Schiusa in Grado › S. 62.
- Urig das Ambiente, wohlschmeckend die Gerichte: Das **Alcova del Frate** in Verona ist nicht ohne Grund ein äußerst beliebtes Restaurant › S. 89.
- In der **Antica Locanda del Contrabbandiere** in Pozzolengo werden in historischen Räumen fantasievolle Menüs serviert › S. 94.
- Frischesten Fisch, hohe Kochkunst und Köstlichkeiten aus dem Karst bietet das **Scabar** in Triest › S. 122.
- Wer friulischen Hochgenuss sucht, sollte ins **Al Cacciatore della Subida** in Cormons einkehren › S. 126.

Lecker: Schinken aus San Daniele

fig Pilzgerichte, Wild und Wildge-
flügel serviert.

Überall beliebt ist feiner luftge-
trockneter Schinken *(prosciutto)*
aus San Daniele oder Cormons, ge-
nauso wie der geräucherte Speck
aus Sauris.

Eine Pasta-Spezialität sind *bigoli*,
dunkle Vollkornspaghetti *con salsa*,
mit Zwiebeln und Sardinen. Daneben gibt es sämige *risotti*, vom klassischen *risi e bisi* (Reis mit jungen
Erbsen und Zwiebeln) bis hin zu
fantasievollen Kombinationen mit Meeresfrüchten, Pilzen und verschiedenen Gemüsesorten.

Im Frühling tauchen der weiße Spargel *(asparago)* von Bassano und grüne *bruscandoli*, wilde Hopfensprossen, auf den Speisekarten auf. Zur Pilz-
zeit dominieren *porcini* (Steinpilze) und *finferli* (Pfifferlinge). Ein besonders feines Wintergemüse ist der dunkelrote *radicchio rosso di Treviso*.

Polenta aus weißem oder gelbem Maismehl ist die klassische Beilage. Als
traditioneller Sattmacher wird *pasta e fagioli*, ein Eintopf aus Nudeln und
dicken Bohnen, serviert.

Einheimische Käsesorten sind der *Montasio*, der *Asiago* und der *Provo-
lone*. Unvergesslich auch die *gelati* – die Eismacher aus dem Cadore haben
die kühle Köstlichkeit hier eingeführt.

SEITENBLICK

Weine der Region

Vom Etschtal bis zur slowenischen Grenze ist die Südflanke der Alpen Weinland.
Zwischen Trient und Triest wird der größte Teil italienischer Qualitätsweine aus
kontrolliertem Anbau (DOC) produziert. Neben den verbreiteten Sorten Pinot
Grigio und Pinot Bianco, Sauvignon und Chardonnay (weiß) sowie Merlot und
Cabernet (rot) gibt es auch einheimische Rebsorten wie *Amarone* im Valpolicella,
Verduzzo und roten *Refosco* im Friaul.

In den berühmten Anbaugebieten Valpolicella und Soave › S. 90, 94 setzen die
Winzer inzwischen wieder mehr auf Qualität als auf Masse. Eine steile Karriere er-
lebte der im Champagnerverfahren verarbeitete *Prosecco* aus Valdobbiadene und
Conegliano nördlich von Treviso › S. 133. Die feinsten und teuersten Weißweine
stammen aus dem östlichen Friaul, dem Collio Goriziano und den Colli Orientali
entlang der slowenischen Grenze. Dort ist die klassische Sorte der *Tocai Friulano*.
Aus der Kellerei von Edi Keber in Zegla bei Cormons kommt der preisgekrönte
Collio, ein vielschichtiger Cuvée › S. 109.

Im Friaul sind die Speisen deftiger und gehaltvoller als im Veneto. Man liebt Würste, auch zum Wein: *luganje, palmone* oder *muset e brovada,* Wurst vom Schwein mit eingelegtem Rettich, *jota,* eine Suppe aus Bohnen, Sauerkraut, Kartoffeln und Schweinefleisch, oder *frico,* ein Fladen aus geriebenen Kartoffeln und Montasio-Käse. In Karnien bereitet man *cjaslons* zu, Teigtaschen mit süßer oder pikanter Füllung.

Exzellent: Weine aus dem Friaul

In den traditionellen Gasthäusern des Friaul sitzt man, zumindest in der kühleren Jahreszeit, rustikal gemütlich um den *focolâr,* einen gemauerten Herd mit Kaminhaube.

Buch-Tipp:

Christoph Wagner, Friaul-Kochbuch (Verlag Carinthia, Klagenfurt 2007). Angesichts der köstlichen Rezepte, garniert mit appetitanregenden Bildern, wird garantiert auch der größte Skeptiker zum Fan der friulischen Küche!

Shopping

Wein aus dem Collio, feinstes Olivenöl aus dem Karst, Reis aus der Bassa Veronese oder Schinken aus Cormons – Naturprodukte können Sie direkt beim Erzeuger verkosten und kaufen und erhalten vorzügliche Qualität zu allerdings oft stolzen Preisen. Denn viele sind wahre Künstler ihres Fachs und arbeiten besessen an der Verfeinerung ihrer Produkte. Beliebte Souvenirs aus Venedig sind handgeschöpftes Papier, Murano-Glas und farbenprächtige Masken, die es in unterschiedlicher Qualität gibt. Schnäppchenjäger können ganze Tage beim Wühlen in den Fabrik-Outlets der großen Modemarken wie Benetton oder Geox verbringen (z.B. im Diesel Outlet, Via Marco Polo 1, Noventa di Piave, Tel. 04 21 30 76 08, www.diesel.com, oder im Palmanova Outlet › **S. 131**). Und jeder Stadtbummel wird durch die trotz der Filialisten nach wie vor gut vertretenen kleinen Boutiquen und Läden zu einem Shoppinggenuss.

Buch-Tipp:

Barbara Essl stellt im **Shopping Guide Friaul** (Verlag Carinthia, Klagenfurt 2009) die besten Einkaufsadressen vom Factory Outlet bis zum Nobelschuhmacher vor, mit Seitensprüngen ins benachbarte Venetien..

Startpunkt für Touren in die grandiose Bergwelt der Dolomiti Friulani: Forni di Sopra im Tagliamento-Tal

TOP-TOUREN
IN VENETIEN
UND IM FRIAUL

Venedig, Adriaküste und das südliche Veneto

Das Beste!

- **Vivaldi-Klängen lauschen** in der ehemaligen Kirche San Vidal in Venedig › S. 58
- **Auf einer Bootstour** die melancholische Wasserwelt der Lagune von Grado erkunden › S. 61
- **Auf Goethes Spuren** durch den Botanischen Garten von Padua pilgern › S. 68
- **Wellness, Wein und Natur** genießen in der sanften Hügellandschaft der Colli Euganei › S. 70
- **Beim Palio dei 10 Comuni** in Montagnana die Reiter anfeuern › S. 74

Überwältigende Kunstschätze in der Serenissima, in Aquileia und Padua, Badefreuden an der Adriaküste, stilles Naturerleben im Po-Delta und in der Lagune von Grado, Wellness in der wohltuenden Hügellandschaft der Colli Euganei.

Die Lagunenlandschaft zwischen dem Po-Delta und Grado verleiht dieser Region ihr ganz besonderes Gepräge. Inseln, Sandbänke, Kanäle und Flussarme lassen die Grenzen zwischen Land und Wasser verschwimmen. Die Urlaubsregion verspricht unbegrenzte Badefreuden in den ineinander übergehenden Badeorten von Jesolo bis Grado, eine verwunschene Naturlandschaft für Genussradler oder Bootsfahrer im weit verzweigten Po-Delta und hochkarätigen Kunstgenuss in der faszinierenden Lagunenstadt Venedig. Aber auch Städte wie Chioggia geizen nicht mit Kostbarkeiten, und das altehrwürdige Aquileia mit seinen Zeugnissen römischer und frühchristlicher Architektur und Kunst trägt wie die Serenissima den Titel UNESCO-Weltkulturerbe.

Das Hinterland kann in kultureller Hinsicht problemlos mithalten: Auch Padua ist stolz auf sein Weltkulturerbe, den 1545 angelegten Orto Botanico, und Kirchen und Kapellen, deren Ausstattung den Atem stocken lässt. Ein Abstecher führt auf dem Brenta-Kanal zu prachtvollen Villen, erbaut von venezianischen Adeligen als Sommerfrische. Südwestlich davon dreht sich in der Thermenlandschaft der Colli Euganei alles um Gesundheit, Wohlbefinden und Entspannung.

Touren in der Region

Fahrt auf dem Brenta-Kanal

Tour-Übersicht:

Verlauf: Padua (Portello) › Villa Pisani di Strà › Villa Barchessa Valmarana / Villa Widman › Villa Foscari »La Malcontenta« › Venedig (Riva degli Schiavoni)

Rund 175 Kanäle durchziehen Venedig: Fast alle Wege führen hier übers Wasser

Dauer: 33 km; 10 Std.
Praktische Hinweise:
▪ Der Burchiello verkehrt vom 23. März–3. Nov., Abfahrt Mi, Fr und So um 8 Uhr in Padua am Pontile del Portello (vom Bahnhof Bus Nr. 18 Richtung Ponte di Brenta), Di, Do und Sa um 9 Uhr am Pontile della Pietà an der Riva degli Schiavoni in Venedig in Gegenrichtung. Die Bootspartie dauert einen ganzen Tag, Rückfahrt jeweils per Bus.

Tour-Start:

Kosten je nach Saison zwischen 80 und 100 €. Infos und Buchung in Padua unter Tel. 04 98 76 02 33 oder über www.ilburchiello.it.

Beliebtester Standort für venezianische Landvillen waren die Ufer des Brenta-Kanals, an dessen 33 km langem Wasserlauf ab dem 17. Jh. mehr als 150 prunkvolle Landhäu-

Touren im südlichen Veneto

Tour ③
Fahrt auf dem Brenta-Kanal

Padua (Portello) › Villa Pisani di Strà › Villa Barchessa Valmarana / Villa Widman › Villa Foscari »La Malcontenta« › Venedig (Riva degli Schiavoni)

ser entstanden. Von **Padua** › S. 65 fahren die Boote, die Schleuse von Noventa Padovana durchquerend, zunächst nach Strà, wo die **Villa Pisani** das erste Besichtigungsziel darstellt: Der Doge Alvise Pisani nahm sich für seinen Landsitz kein geringeres Vorbild als das Versailler Schloss und ließ sich 1756 einen barocken Protzpalast mit 114 Räumen errichten, mit deren Ausstattung er u. a. Giovanni Battista Tiepolo beauftragte. Ende des 19. Jhs. ging die Villa in den Besitz des Staates über, seither trägt sie den Beinamen »La Nazionale«. (Via Doge Pisani 7, Strà, April–Sept. tgl. 9–19, Okt.–März 9–16 Uhr, www. villapisani.beniculturali.it).

Das Schiff gleitet nun an Villen und Landschaft vorüber: Die mit Fresken geschmückte **Villa Soranzo** (16. Jh.) wurde von Benedetto Caliari, einem Bruder Paolo Veroneses, bemalt, die **Villa Angeli** in Dolo entwarf Anfang des 16. Jhs. Vincenzo Scamozzi. Historische Wassermühlen stehen am Fluss, bei Dolo ist eine Schleuse zu überwinden. In Mira, wo eine weitere Schleuse wartet, entscheidet die Reiseleitung, ob die **Villa Widmann** (Ende 18. Jh.) oder die **Villa Barchessa Valmarana** (17. Jh.) besichtigt wird. Erstere gehörte einer reichen, persischen Kaufmannsfamilie, die sich einen Rokokoballsaal mit üppigem Freskenschmuck von Giuseppe Angeli leistete (Besichtigung nach Voranmeldung unter Tel. 041 42 32 58 oder 04 15 29 05 65). Von der Villa Barchessa Valmarana sind heute nur noch die beiden Gästehäuser erhalten, das eine als malerische Ruine, das andere als pompös ausgebaute Villa (April–Okt. tgl. 10–18 Uhr, www.villavalmarana.net).

Über das alte Städtchen **Oriago** und vorbei an der **Villa Gradenigo**

Map labels:
5
Burano
Lido di Jesolo
Murano
Venezia
Lido
Punta Sabbioni
Alberoni
Golfo di Venezia
Pellestrina
Chioggia
Sottomarina
MARE ADRIÁTICO
Rosolina Mare
Oratorio Mazùcco
Porto Levante
Parco Regionale
Pila
Veneto
Porto Tolle   Tolle
del Delta del Po
Spiaggia di Barricata
Delta del Po
Bonelli
Gnocchetta
Gorino
0   10 km
N

(16. Jh.) nähert sich das Boot der *****Villa Foscari** in Malcontenta, ein Entwurf des großen Baumeisters Andrea Palladio. Er setzte bei der »Malcontenta« auf strenge formale Zurückhaltung, die sich auch in den würdevollen Innenräumen widerspiegelt (Mai–Okt. Di, Sa 9–12 Uhr oder nach vorheriger Vereinbarung unter Tel. 04 15 47 00 12, www.la malcontenta.com).

Die Tour endet am Pontile Pietà an Venedigs Riva degli Schiavoni, unweit des Markusplatzes.

Übrigens: Wem die Tour Lust darauf gemacht hat, in einer der Villen stilvoll zu nächtigen, der kann sich in der zum Hotel umfunktionierten **Villa Ducale ●●●** in Dolo (Tel. 04 15 60 80 20, www.villaducale.it) oder in der **Villa Margherita ●●●** in Mira (Tel. 04 14 26 58 00, www.villa-margherita.com) einquartieren.

 # Colli Euganei und Po-Delta

Tour-Übersicht:

Verlauf: Padua › Abano Terme › Teolo › Arqua Petrarca › Monselice › Este › Montagnana › Rovigo › Adria › Porto Viro › Chioggia

Dauer: 160 km; 2–3 Tage

Praktische Hinweise:

- Diese Tour sollte man mit dem Auto unternehmen.
- Eine detaillierte Karte im Maßstab von 1 : 200 000 leistet unterwegs gute Dienste, weil man viel auf Nebenstraßen unterwegs ist.

Tour-Start:

Südwestlich von ****Padua** › S. 65 ragen die ***Colli Euganei** bis zu 600 m aus der Ebene. Im Mikroklima der Hügel gedeihen auch Olivenbäume und Feigenkakteen, an den Hängen Wein und Obst. Einen ersten Stopp sollte man im Kurbad **Abano Terme** › S. 70 einlegen, wo Heilquellen zahlreiche Beschwerden lindern oder ganz einfach zur Entspannung einladen. Durch die Colli Euganei geht es nun nach Westen zur ehrwürdigen ***Abbazia di Praglia** › S. 71. Vorbei an Weingärten und Villen fährt man hinein in die Hügel nach **Luvigliano**, wo sich Falconettos Villa dei Vescovi (16. Jh.) beherrschend am Hang erhebt (April–Okt. Mi–Sa 10–18, So 10–19, Nov.–März Mi–So 10–17 Uhr, 9. Dez.–Ende Febr. geschl., www.fondoambiente.it).

Vom **Monte Rua** (416 m) über Torreglia Vecchia, den ein Einsielerkloster (Eremo) der Camaldulenser krönt, eröffnet sich ein schöner ***Panoramablick** über die Colli Euganei. Gute regionale Küche und ein idyllischer Gastgarten sind die Trümpfe des **Rifugio Monte Rua ●●** (Tel. 04 95 21 10 49, www.ristorante rifugiomonterua.it, Di geschl.).

Nächstes Etappenziel ist **Teolo**, der Ort, aus dem der römische Geschichtsschreiber Titus Livius stammen soll. Teolo ist ein Kurzentrum und Ausgangspunkt für schöne Spaziergänge. Der Palazzetto dei Vicari, in dem die venezianischen Statthalter residierten, beherbergt ein Museum zeitgenössischer Kunst (April–Okt. Do, Fr 15.30–19.30, Sa, So 9.30–12.30, 15.30–19.30 Uhr).

Hügellandschaft vulkanischen Ursprungs: die Colli Euganei

Auf der Weiterfahrt lohnt ein Halt in der **Villa Sceriman** in Boccon (südöstlich von Vo'), dem Spitzengut im Weinbauzentrum Vo' Euganeo. Mittelpunkt ist eine elegante Barockvilla mit Garten und Enoteca (www.villasceriman.it, So geschl.). Unweit von Valsanzibio schmückt sich die **Villa Barbarigo** mit einem berühmten *Garten aus dem 17. Jh. (Garten März–Nov. tgl. 10–13, 14 Uhr bis Sonnenuntergang, www.valsanzibio giardino.it). Die vom Haupteingang (Bad der Diana) ansteigenden Terrassen mit Wasserbecken und Statuen werden malerisch vom Hügelpanorama gerahmt. Das barocke, 1500 m lange Buchsbaumlabyrinth ist eine Besonderheit.

Die erste Etappe endet in *Arquà Petrarca › S. 72, das nicht nur ein hübsches Stadtbild besitzt, sondern auch letzte Ruhestätte eines der größten Dichter Italiens, Francesco Petrarcas, sein soll. Nordöstlich davon liegt **Battaglia Terme,** dessen Canale di Battaglia einst in Richtung Padua ebenso von Villen gesäumt war wie der Brenta-Kanal › S. 39. Heute noch zu besichtigen ist das *Castello del Catajo (1570–1573), die Villa eines venezianischen Condottiere, mit englischem Landschaftsgarten (April–Aug. Di, So 15–19 Uhr, www.castellodelcatajo.it). Mit unbezwingbarem Fels im Rücken ist *Monselice › S. 73 befestigt. Von dort wenden Sie sich nach Westen und erreichen über *Este › S. 73 das mauerbewehrte *Montagnana › S. 74, wo am dritten Wochenende im Mai ein großes Schinkenfest gefeiert wird.

Ein Kontrastprogramm zur Hügelwelt bildet das weitverzweigte, 400 km² umfassende *Po-Delta. Mehrfach hat der Hauptarm seinen Lauf nach Überschwemmungskatastrophen geändert. Seit der Römerzeit wird das Land durch Trockenlegung urbar gemacht und durch Dämme geschützt.

Für die Fahrt nach Rovigo empfiehlt sich die Nebenstrecke über **Sant'Elena d'Este** (Villa Miari de'Cumani mit Park, Di–So 9.30–12.30, 14.30–19.30 Uhr) und **Vescovana** (Villa Pisani mit Freskensälen und Park, Mo–Fr 9/10–12, 13.30/14–16/17 Uhr). **Rovigo,** die Hauptstadt (53 000 Einw.) des Polesine, ist nicht übermäßig attraktiv. Interessant ist die Umgebung, so die *****Villa Badoer,** die zu den berühmtesten Palladio-Villen gehört. Der Entwurf von 1566 ist von klassischer Schönheit und verbindet den zentralen Kubus mit kurvig ausschwingenden Seitenflügeln (Do, Sa, So 10–12, 15.30–18.30 Uhr, Sommer auch Fr).

Adria (22 000 Einw.) war einer der größten Häfen an dem Meer, das heute noch seinen Namen trägt. Inzwischen liegt der Ort 25 km von der Küste entfernt, und noch immer schiebt sich die Po-Mündung jährlich 60 m weiter ins Meer vor. Im ***Museo Archeologico Nazionale** ist die große Vergangenheit Adrias vom 6.–1. Jh. v. Chr. dokumentiert (Via Badini 59, tgl. 8.30–19.30 Uhr, www.smppolesine.it/adria).

Wenn Sie sich in die Landschaft verliebt haben, dann beziehen Sie doch Quartier in der eleganten **Tenuta Goro Veneto** ●● (Argine Po, Via Basilicata, Località Goro Veneto, Tel. 042 68 10 97, www.tenuta goroveneto.it), wo Sie Fahrräder leihen und das Delta intensiv erkunden können. Einen endlos weiten Strand, die **Spiagga di Barricata,** finden Sie bei **Porto Tolle.**

Über **Porto Viro** und **Rosolina,** in dessen Nähe der **Agriturismo San** **Gaetano** ●● in einem urigen Scheunenrestaurant köstliche Delta-Spezialitäten serviert (Via Moceniga 22, Tel. 04 26 66 46 34, www.sangaeta norosolina.it, im Winter Di geschl.), führt die Tour auf direktem Weg ins hübsche ****Chioggia** › S. 63. Tipp: Landschaftlich sehr viel reizvoller ist die zwischen Meer und Land mäandernde Straße, die vom Oratorio Mazzucco bis Portesine durchs Lagunenland führt.

Tour 5 Antike, Strände und Lagunen

Tour-Übersicht:

Verlauf: Venedig › **Portegrandi** › **Jesolo** › **Caorle** › **Portogruaro** › **Bibione** › **Lignano** › **Aquileia** › **Grado**

Tour an der Adriaküste

Dauer: 250 km; 2 Tage
Praktische Hinweise:

▪ Unternehmen Sie diese Tour nicht
in der Hochsaison. Im Juli und
August stehen Sie an den Lidos
und deren Zufahrtsstraßen in endlosen Staus. Wer früh genug startet, kann die Tour auch an einem
Tag absolvieren.

Tour-Start:

Im Hinterland der Badeküste zwischen Jesolo und Grado liegen an
der Route der antiken Via Annia
einige römische Ruinen; Kirchenbauten aus der Zeit des frühen
Christentums dagegen blieben am
Küstensaum erhalten.

Die Tour führt zunächst meer-
nah und an Venedigs Flughafen

Marco Polo vorbei nach **Portegrandi**, wo einst der Sile mündete.
Um die Verlandung durch die An-
schwemmungen der Flüsse zu ver-
hindern, lenkte Venedig im
16./17. Jh. den Unterlauf von Sile,
Piave und Livenza in Gebiete außerhalb der Lagune ab. Faszinierend ist
die noch sehr ursprüngliche Was-
serlandschaft, die teils unter Naturschutz steht. Das Besucherzentrum
des Naturparks Sile informiert über
Flora und Fauna sowie die Ökologie
des Parks (Via Raffaello 12, Tel.
04 22 32 19 94, www.parcosile.it).

In **Jesolo** › S. 59 können Sie einen
Abstecher an den Lido zum Baden
unternehmen. Rund 20 km weit
erstreckt sich die von riesigen Campingplätzen besetzte, schmale Landzunge nach Südosten bis Punta
Sabbioni. Über Eraclea Mare geht es

Tour ⑤ Antike, Strände und Lagunen
Venedig › Portegrandi › Jesolo › Caorle › Portogruaro › Bibione › Lignano ›
Aquileia › Grado

Kanäle verbinden das hübsche Städtchen Portogruaro mit der Lagune von Venedig

an der Küstenlinie entlang nach Norden bis **Caorle** › **S. 60**, das hinter der bunten touristischen Fassade eine sehenswerte romanische Kathedrale verbirgt. Dann fahren Sie landeinwärts nach *Portogruaro. Es besitzt einen reizvollen alten Stadtkern entlang dem Flüsschen Lemene, ein gotisches *Rathaus, mittelalterliche Laubenhäuser und zwei alte Flussmühlen (15. Jh.). Sehenswert ist das *Museo Nazionale Concordiese (Via del Seminario 26, tgl. 8.30–19 Uhr) mit Fundstücken aus Concordia Sagittaria › **S. 46**. Wer in Portogruaro übernachten möchte, dem bietet sich z. B. das zentral gelegene **Hotel Spessotto** ●● an – es wirkt wie aus der Zeit gefallen (Via Roma 2, Tel. 0 42 17 10 40, www. hotelspessotto.it).

Bevor Sie sich wieder dem Meer zuwenden, empfiehlt sich ein kurzer Abstecher nach Norden ins 9 km entfernte **Sesto al Reghena** mit seiner ehemaligen Benediktinerabtei **Santa Maria in Sylvis,** dem 1200 erbauten, stimmungsvollsten frühmittelalterlichen Kirchenkomplex der Region. Über **Concordia Sagittaria,** das im Umkreis der Kathedrale (*Baptisterium 1098) sehenswerte Relikte aus römischer und frühchristlicher Zeit bewahrt, wenden Sie sich den nächsten beiden Badeorten an der Adriaküste zu: **Bibione** › **S. 61** und **Lignano** › **S. 61**.

Von hier führt der Weg im großen Bogen um die Laguna di Marano ins eindrucksvolle UNESCO-Weltkulturerbe ***Aquileia › **S. 62** mit der berühmten romanischen Kathedrale. Nach der Besichtigung geht es nach *Grado › **S. 61**, das abseits seines Lido erstaunlich ruhige und untouristische Seiten hat, wo sich ein Erholungsaufenthalt am Meer anbietet.

Am Canal Grande

Tour-Übersicht:

Verlauf: Piazzale Roma › Ponte Rialto › Ponte dell´Accademia › Piazza San Marco

Dauer: ca. 45 Min.
Praktische Hinweise:

▪ Das Vaporetto der Linie 1 benötigt vom Piazzale Roma bis San Marco etwa 45 Min. Man kann die Fahrt aber nach Lust und Laune unterbrechen. Das einfache Ticket (gültig 60 Min.) kostet 7 €. Lohnend ist der Kauf einer Tageskarte (18 €/12 Std., 20 €/24 Std., www.actv.it).

Tour-Start:

Ein schöner Einstieg ins prunkvolle Venedig ist die verkehrsreiche **Piazzale Roma** nicht, aber nur so haben Sie Gelegenheit, unter dem 2008 installierten **Ponte della Costituzione** des spanischen Architekten Santiago Calatrava hindurchzufahren und sich eine eigene Meinung zu dem architektonisch umstrittenen Bauwerk zu machen. Nach dem Bahnhof und dem **Ponte degli Scalzi** legt das Vaporetto am rechten Ufer (*Riva del Biasio*) einen Stopp ein. Nächster Halt ist *San Marcuola*, und ihm gegenüber steht das erste Highlight: der im 13. Jh. erbaute ***Fondaco dei Turchi**, in dem ab dem 17. Jh. türkische Händler ihre Waren lagerten, mit einer von Türmchen flankierten Fassade im veneto-byzantinischen Stil. Unweit der Haltestelle, am linken Ufer, birgt der harmonische Renaissancebau des ***Palazzo Vendramin-Calergi**, in dem 1883 Richard Wagner verstarb, heute Venedigs Spielkasino. Bei *San Stae* am Ufer gegenüber begegnen Sie einem in Venedig viel beschäftigten Architekten: Baldassare Longhena (1598–1682) vollendete die ***Ca' Pesaro** › S. 57 1710 in dominantem Barock.

Nun steuert das Vaporetto auf die ****Ca' d'Oro** zu: Von 1420 bis 1434 bauten die Brüder Giovanni und Bartolomeo Bon an diesem Meisterwerk spitzenfeiner venezianischer Gotik, dessen Fassade ursprünglich mit Blattgold überzogen war. Fürs Kontrastprogramm sorgt die lebhafte **Pescheria**, der Fischmarkt, gegenüber, auf dem jeden Morgen fangfrischer Fisch und Meerestiere feilgeboten werden. Auf der Fahrt nach *Rialto* sehen Sie links Venedigs ältesten Palazzo, die ****Ca' da Mosto** aus dem 13. Jh. Dann passiert das Schiff die berühmte ****Rialto-Brücke** › S. 53.

Auch im weiteren Verlauf präsentieren zahlreiche Paläste ihre Fassaden in venezianischer Gotik und Renaissance, so **Ca' Farsetti** und **Ca' Loredan** gegenüber der Station *S. Silvestro* oder der **Palazzo Corner-Spinelli** neben *S. Angelo*. Die ***Ca' Rezzonico** › S. 57 an der gleichnamigen Anlegestelle unternimmt einen weiteren Abstecher in die Zeit des Spätbarock (17./18. Jh., B. Longhena). Gegenüber an der Anlegestelle *S. Samuele*: klarer Klassizismus am ****Palazzo Grassi** und innen Tadeo Andos puristische Architektur in den Museumsräumen der Sammlung Pinault › **S. 57**.

Unter dem **Ponte dell'Accademia** hindurch nimmt das Vaporetto das letzte Teilstück des Kanals in Angriff. Die Station *Giglio* eignet sich ideal als Aussichtspunkt auf den Flachbau des **Palazzo Venier dei Leoni** gegenüber, der im 18. Jh. begonnen, aber nie vollendet wurde und Peggy Guggenheims Kunstsammlung beherbergt › **S. 57**. Gleich daneben beschwört die mit Marmorintarsien geschmückte Fassade der ****Ca' Dario** Geschmack und Stil der venezianischen Frührenaissance.

An der Station *Salute* sollten Sie auf jeden Fall die grandiose Pestkirche ****Santa Maria della Salute** würdigen, die der gerade erst 30-jährige Baldassare Longhena ab 1631 auf einer Million Pfählen errichtete. Daneben lockt die ***Punta della Dogana,** die alte Zollstation, mit dem gleichnamigen, ebenfalls von Tadeo Ando für François Pinault umgestalteten Museumsbau › **S. 57**. Zum Abschluss lassen Sie die ganze Pracht Venedigs auf sich wirken, wenn das Vaporetto in einem flachen Bogen den ****Markusplatz** passiert, der hier seine dem Meer zugewandte Schönheit entfaltet. Die Tour endet in *San Marco*.

Verkehrsmittel

Zwar kann man die Region auch mit Bahn, Bus und Schiff bereisen (www.trenitalia.com, www.atvo.it und www.actv.it), doch Abstecher zu abseits gelegenen Sehenswürdigkeiten sind nur mit dem Pkw problemlos machbar. Das Po-Delta und den Brenta-Kanal kann man auch wunderbar per Fahrrad erforschen, das man z. B. im Agriturismo Tenuta Goro Veneto › **S. 44** oder in Padua bei Forever Bike leihen kann (auch E-Bikes, mehrere Verleihstationen, www.foreverbike.com, 8 € 1. Tag, 4 € ab dem 2. Tag, 25 € pro Woche).

Unterwegs in der Region

 ### ***Venedig 🗖

Millionen verfallen jedes Jahr dem Zauber der Serenissima, selbst wenn sie wie die Mehrzahl als Tagesbesucher nur einen hektisch-flüchtigen Blick auf die Schätze der Lagunenstadt erhaschen konnten. Versuchen Sie wenn irgend möglich wenigstens drei Nächte in Venedig zu bleiben und erleben Sie die Stadt, wenn der Tross der Eiligen weitergezogen ist!

Buch-Tipp:

Eine ausführliche Beschreibung der Lagunenstadt finden Sie im Band »Venedig« der Reihe »Polyglott on tour«.

Geschichte

Der 25. März 421 gilt als legendäres Gründungsdatum der Stadt. Die Völkerwanderung zwang die Festlandsbewohner im 5./6. Jh. zur Flucht auf die Laguneninseln, und auf einer – Malamocco – entwickelte sich das Gemeinwesen. 697 wur-

Venedigs unangefochtener Besuchermagnet: die Basilica di San Marco

de hier der erste Doge gewählt, 811 zog »Venedig« von Malamocco nach Rialto, das besser zu verteidigen war. Mit dem Raub der Markusreliquien aus Alexandria 829 gab die Stadt ihrem Machtanspruch eine religiöse Unterfütterung.

Zwischen dem 9. und dem 15. Jh. stieg Venedig zur beherrschenden Seemacht im östlichen Mittelmeerraum auf. Im 15. Jh. begann auch die systematische Urbarmachung der *terra ferma,* des Festlandes.

Erst das Vordringen der Osmanen und die Ansprüche des Habsburgereiches schwächten Venedigs Position. Durch die Verlagerung des Welthandels auf den Atlantik verlor es an wirtschaftlichem Einfluss. Im Jahre 1797 besiegelte Napoleons Eroberung das Ende der Seerepublik. Die Stadt war fortan Spielball wechselnder fremder Mächte, bis sie sich 1866 dem geeinten Italien anschloss und schließlich Hauptstadt der Provinz Veneto wurde.

Rund um die **Piazza San Marco

Die schönste Annäherung an das Gesamtkunstwerk Markusplatz erleben Sie vom Wasser aus. Den Vordergrund beherrschen die beiden Säulen mit dem geflügelten Löwen als Symbol der Seemacht und dem hl. Teodoro, Venedigs erstem Stadtpatron vor dem hl. Markus. Dahinter erhebt sich links der Campanile, rechts die Fassade des Palazzo Ducale, einst Sitz der Dogen, schließlich das kuppelgekrönte Mosaik-Wunderwerk der Markusbasilika.

***Basilica di San Marco Ⓐ

Für die Markus-Reliquien wurde bereits 832 ein erstes Gotteshaus geweiht. Die Basilika in ihrer heutigen Form mit dem Grundriss eines griechischen Kreuzes stammt aus dem 11. Jh. und wurde gotisch verändert. Die reich dekorierte **Fassade mit Steinmetzarbeiten aus istrischem Sandstein, goldglänzenden

Mosaiken, den Duplikaten von 1204 in Byzanz erbeuteten, antiken Bronzepferden und den schweren Bronzetüren gibt einen Vorgeschmack auf die Kunstschätze im Inneren. Der steinerne ****Mosaikfußboden** stammt teils noch aus der Erbauungszeit der Basilika und wirkt wie ein orientalischer Teppich. Etwa 4000 m² des Kirchenraums bedecken die *****Mosaiken**. Sie erzählen dem byzantinischen Kanon folgend

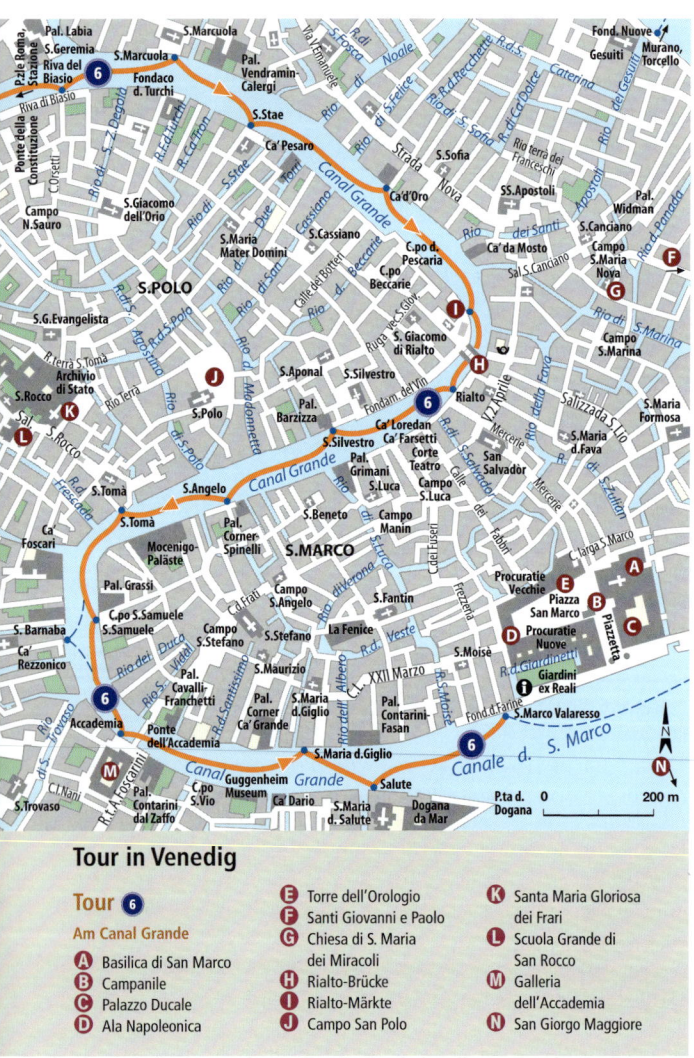

Tour in Venedig

Tour 6

Am Canal Grande

A Basilica di San Marco
B Campanile
C Palazzo Ducale
D Ala Napoleonica

E Torre dell'Orologio
F Santi Giovanni e Paolo
G Chiesa di S. Maria dei Miracoli
H Rialto-Brücke
I Rialto-Märkte
J Campo San Polo

K Santa Maria Gloriosa dei Frari
L Scuola Grande di San Rocco
M Galleria dell'Accademia
N San Giorgo Maggiore

Geschichten aus dem Alten (Narthex) und Neuen Testament – ein Bilderbuch für des Lesens unkundige Gläubige. Ein Großteil stammt aus dem 13. Jh., so auch die wunderbare Darstellung in der zentralen Himmelfahrtskuppel, die Christus schwebend in einem von Engeln gestützten Himmel zeigt.

Weitere Kunstwerke in San Marco: die Skulpturen Mariens, der zwölf Apostel und des hl. Markus (14./15. Jh.) auf der *Ikonostase und die kostbare, 3,48 x 1,40 m messende ***Pala d'Oro: Unzählige Perlen und Edelsteine schmücken den goldenen Altaraufsatz (11.–14. Jh.). Ein Besuch des **Museo di San Marco** über der Vorhalle ist wegen des guten Blicks auf die Mosaiken wie auch auf den Markusplatz zu empfehlen.

Öffnungszeiten: Sommer Basilika/Pala d'Oro Mo–Sa 9.45–17, So 14–17, Museum tgl. 9.45–16.45 Uhr; Winter Basilika/Pala d'Oro Mo–Sa 9.45–16/17, So 14–16, Museo di San Marco tgl. 9.45–16.45 Uhr, www.basilicasanmarco.it, Eintritt Basilika frei, Pala d'Oro 2 €, Museum 4 €.

Campanile Ⓑ

Der 98 m hohe Turm wurde im 12. Jh. als Wacht- und Leuchtturm errichtet. Seine vom Erzengel Gabriel gekrönte Spitze erhielt er im 15. Jh. Erdbeben und Blitzeinschläge verursachten wiederholt Schäden. 1902 stürzte er ein, wurde aber originalgetreu wieder aufgebaut. Ein Aufzug führt hinauf zu einem der schönsten Aussichtspunkte Venedigs. (tgl. 9–19, Juli–Sept. 9–21, Nov.–März 9.30–15.45 Uhr, 8 €).

***Palazzo Ducale** Ⓒ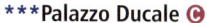

Von 802 bis 1797 war der Dogenpalast Venedigs politisches Machtzentrum. Dank der Fassadenverkleidung mit hellem Marmor wirkt der kompakte Bau geradezu zierlich. Feine Figurenreliefs schmücken die Säulen der Arkadenbögen (zwischen den beiden rötlichen zur Platzseite hin wurden Todesurteile verkündet); darüber strukturieren Spitzbogenfenster die Fassade.

An der 1440 erbauten *Porta della Carta konnten venezianische Bürger Petitionen abgeben oder Erlasse des Rates lesen; über ihr kniet der Doge Francesco Foscari vor dem venezianischen Löwen, überwacht von der Göttin der Gerechtigkeit. Hauptanziehungspunkt im Innenhof ist die *Scala dei Giganti, auf der die Dogen unter den Augen der monumentalen Statuen von Neptun und Mars aus der Meisterhand Jacopo Sansovinos (16. Jh.) gekrönt wurden.

Die prunkvolle **Scala d'Oro führt in Verwaltungs- und Privattrakte des Palazzo, die nach einem Brand 1577 hauptsächlich im Stil der venezianischen Renaissance u. a. von den Werkstätten Veroneses und Tintorettos neu ausgestattet wurden. Ein spannend dokumentierter Malwettbewerb fand um den Auftrag für jenes Bild statt, das die prunkvolle **Sala del Maggior Consiglio, den Saal des Großen Rats, schmücken sollte. Tintoretto gewann und fertigte mit dem 7 × 22 m großen »Paradies« das größte je auf Leinwand aufgetragene Gemälde der Kunstgeschichte an.

Venedigs berühmteste Brücke, der Ponte di Rialto, ruht auf 12 000 Eichenstämmen

Den schauerlichen Abschluss des Rundgangs bilden die Gefängniszellen der **Prigioni Nuove,** bei deren Besichtigung man auch die berühmte ***Seufzerbrücke** überquert.

Öffnungszeiten: April–Okt. tgl. 8.30–19, Nov.–März 8.30–17.30 Uhr, Kassenschluss jeweils 1 Std. früher, www.visitmuve.it.

Prokuratorien und Torre dell'Orologio

Die eigentliche Piazza San Marco – der schmale Platz zwischen Campanile und Dogenpalast heißt Piazzetta – wirkt wie aus einem Guss. Im 16. Jh. erhielt sie mit den **Procuratie Vecchie** (Nordseite, ab 1500) und den **Procuratie Nuove** (Südseite, ab 1583) ihre heutige Form. Der verbindende Quertrakt **Ala Napoleonica** **D**, 1807 im Auftrag Napoleons errichtet, birgt das ****Museo Correr** mit einer sehenswerten Sammlung zur Stadtgeschichte, die Kunstwerke von in Venedig tätigen Malern und Bildhauern präsentiert (April–Okt. 10–19, Nov.–März 10–17 Uhr, www.

visitmuve.it). Ein Blickfang ist der Ende des 15. Jhs. erbaute ***Torre dell'Orologio** **E** mit seiner 24-Stunden-Uhr und den beiden Bronzehünen, die die Uhrglocke schlagen (Führungen in englischer Sprache Mo–Mi 10, 11, Do–So 14, 15 Uhr).

Vom Markusplatz zur Ponte Rialto

Schlagen Sie auf dem Weg vom Markusplatz zur Rialto-Brücke einen kleinen Bogen: Zum zauberhaften ***Campo Santa Maria Formosa** etwa, den elegante Palazzi säumen und in dessen Mitte sich die gleichnamige Kirche (17./18. Jh.) erhebt.

Ein paar Gassen weiter erreichen Sie das von den Venezianern Zanipolo genannte Ensemble von Kloster und Kirche ****Santi Giovanni e Paolo** **F**. Der Ziegelbau der Dominikaner wurde 1330–1450 errichtet und präsentiert sich mit seiner gen Himmel strebenden Architektur im Geist der Gotik. Gräber zahlreicher Dogen sind innen zu besichtigen, Gemälde und Ausstattung stammen von namhaften Künstlern wie Vivarini, Bellini und Veronese (tgl. 9–18, So, Fei 12–!8 Uhr). Die ehemalige ***Scuola di San Marco** neben dem Gotteshaus fällt durch ihre aus vielfarbigem Marmor gestaltete Renaissancefassade ins Auge.

Ein kleines Wunderwerk ist die zierliche ****Chiesa di S. Maria dei Miracoli** ● ein paar Gassen westlich. Ende des 15. Jhs. wurde sie für ein wundertätiges Marienbild erbaut. Marmor, Serpentin und Porphyr lassen die Fassade leuchten, im Inneren blicken Propheten und Heilige von der Decke auf feinste Werke der Bildhauerkunst (Mo–Sa 10–17 Uhr).

Rialto-Brücke ● und San Polo

Seit Ende des 12. Jhs. gibt es an dieser Stelle einen Übergang über den Canal Grande; Ende des 16. Jhs. bekam Antonio dal Ponte den Auftrag für den Bau einer steinernen Brücke, auf der Läden mit hohen Mieten einen Beitrag zu den Kosten leisten sollten. Seine Lösung mit flacher Rampe und steilem Bogen befriedigte alle Seiten und steht bis heute. Besonders vormittags ist der Blick vom Scheitelpunkt auf das bunte Treiben von Vaporetti, Lastkähnen, Gondeln und Taxibooten auf dem Canal Grande ein Erlebnis. Die Szene erinnert verblüffend an Veduten Canalettos, zu bewundern in der Ca' Rezzonico › **S. 56**.

Lebhaft geht es auch auf den ***Rialto-Märkten** ● nordwestlich der Brücke zu; besonders am Fischmarkt am Campo della Pescheria erleben Sie venezianischen Alltag.

Im Gewirr der engen Gassen überrascht der westlich gelegene **Campo San Polo** ● mit seinen großzügigen Maßen – hier wurden früher Stierjagden veranstaltet, Messen abgehalten und rauschende Bälle gefeiert. In der gleichnamigen Kirche verdienen Tintorettos »Abendmahl« und die Fresken von Domenico Tiepolo nähere Betrachtung.

Ein paar Gassen nach Westen zieht ****Santa Maria Gloriosa dei Frari** ● durch ihre schiere Größe die Aufmerksamkeit auf sich. Ihr gotischer, geschickt ausgeleuchteter Innenraum birgt die berühmte Grabpyramide Antonio Canovas. Das Malergenie Tizian ist gegenüber beigesetzt, ein antiker Tempel samt Markuslöwe ziert sein Grab. Eines seiner Hauptwerke, die »Assunta«, leuchtet farbintensiv über dem Hochaltar (Mo–Sa 9–18, So 13–18 Uhr).

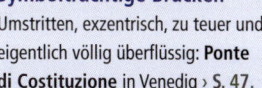

Symbolträchtige Brücken

■ Umstritten, exzentrisch, zu teuer und eigentlich völlig überflüssig: **Ponte di Costituzione** in Venedig › **S. 47**.

■ Der Klassiker in Venedig und meist hoffnungslos überfüllt: **Ponte di Rialto** › **S. 53**.

■ Eine mit Nachdruck vorgetragene Machtdemonstration: der **Ponte Scaligero** in Verona › **S. 87**.

■ Treffpunkt der Liebenden: der überdachte **Ponte Vecchio** in Bassano del Grappa › **S. 105**.

■ Er soll mit Hilfe des Teufels erbaut worden sein: der **Ponte del Diavolo** in Cividale del Friuli › **S. 127**.

Tintorettos Kreuzigung in der Scuola Grande di San Rocco

Die ****Scuola Grande di San Rocco** dahinter dagegen trägt den genialen Stempel Tintorettos. Er bekam den Auftrag, den eleganten Renaissancebau der Färbergilde mit einem Gemäldezyklus auszustatten, der aus 56, auf Erdgeschoss und den atemberaubenden großen Saal in der ersten Etage verteilten Gemälden besteht (tgl. 9.30–17.30 Uhr, www.scuolagrandesanrocco.it).

**Galleria dell'Accademia Ⓜ
Seit 1807 logiert die Accademia im ehemaligen Konvent Santa Maria della Carita, einem schlichten Ziegelbau, und zwei Nebengebäuden. Napoleon ließ das Museum mit Werken aus säkularisierten Kirchen bestücken. Über 800 Gemälde von der Gotik bis zum Hochbarock werden in 24 Sälen präsentiert. Man begegnet Bellini, Vivarini, Carpaccio, Tintoretto, Veronese und Tizian, um nur die berühmtesten zu nennen (Mo 8.15–14, Di–So 8.15–19.15 Uhr, www.gallerieaccademia.org).

**San Giorgo Maggiore Ⓝ
Andrea Palladios Stil- und Formensprache › **S. 101** springt an der Fassade der seit dem 10. Jh. besiedelten Klosterinsel bereits vom gegenüberliegenden Markusplatz ins Auge. Von 1566 bis 1610 wurde an dem Gotteshaus gebaut, dessen äußere Monumentalität im Inneren einer harmonischen Klarheit weicht. Es ist eine Bühne für Venedigs Meistermaler Jacopo Tintoretto, dessen »Abendmahl« virtuos mit den Mitteln der Perspektive spielt (Mai–Sept. Mo–Sa 9.30–18.30, So 8.30–11, 14.30–18.30 Uhr, Okt.–April nur bis Einbruch der Dämmerung).

Info

IAT
▪ Stazione Ferroviaria Santa Lucia
▪ Tel. 04 15 29 87 11
▪ www.turismovenezia.it
▪ Weitere ganzjährig geöffnete Filialen: Piazzale Roma Garage ASM, San Marco 71/F, Ex Giardini Reali/San Marco, Aeroporto Marco Polo

Erst-klassig

Verkehr

Vaporetti der Linie 2 (Schnellverkehr) und 1 (steuert alle Haltestellen an) fahren vom Piazzale Roma am Canal Grande entlang bis zum Lido (www.actv.it).

Hotels

Flora ●●
Zentral und zugleich in völliger Abgeschiedenheit gelegen, mit kleinem Garten und komfortablen Zimmern – rechtzeitig reservieren!
❚ San Marco 2283/A
❚ Tel. 04 15 20 58 44
❚ www.hotelflora.it

Ca' Formenta ●—●●
Das freundliche und gut ausgestattete Mittelklassehotel an der Riva S. Biagio ist ein ideales Standquartier für Biennale-Besucher.
❚ Via Garibaldi | Castello 1650
❚ Tel. 04 15 28 54 94
❚ www.hotelcaformenta.it

Locanda SS. Giovanni e Paolo ●—●●
In dieser kleinen, familiären und mit Stilmöbeln eingerichteten Pension sollten Sie versuchen, das Dachzimmer mit herrlichem Panoramablick zu ergattern.
❚ Barbarie de le Tole | Castello 6401
❚ Tel. 04 15 22 27 67
❚ www.locandassgiovannipaolo.it

Restaurants

Al Storico da Crea ●●
Das Lokal im Werftgelände auf der Giudecca gilt als Geheimtipp für Liebhaber von frischem Fisch und Meeresfrüchten.

❚ Giudecca 212/A
❚ Tel. 04 12 96 03 73
❚ www.ristorantealstorico.com

Giorgione ●—●●
Neben der guten und preislich günstigen Küche genießen Sie hier den Blick auf den ganz und gar untouristischen Corso.
❚ Via Garibaldi
❚ Castello 1533
❚ Tel. 04 15 22 87 27
❚ www.ristorantegiorgione.it

Osteria Al Bacco ●
Bodenständiges Lokal mit Holztischen und -stühlen. Authentische venezianische Küche, Traditionsadresse für *cicchetti*.
❚ Fondamenta Capuzine
❚ Cannaregio 3054
❚ Tel. 041 72 14 15

SEITENBLICK

Ermäßigter Eintritt
Der Pass »I Musei di Piazza San Marco« kostet 16 €, ist drei Monate gültig und gewährt freien Eintritt in den Palazzo Ducale, das Museo Correr, das Museo Archeologico Nazionale und die Sale Monumentali der Biblioteca Nazionale Marciana. Der »Museum Pass« (24 €) umfasst zusätzlich Ca' Rezzonico, Museo del Settecento Veneziano, Casa di Carlo Goldoni, Museo di Palazzo Mocenigo, Ca' Pesaro, Galleria Internazionale d'Arte Moderna und Museo d'Arte Orientale, Museo del Vetro (Murano), Museo del Merletto (Burano) und Museo di Storia Naturale. Infos und Kaufmöglichkeit: www.visitmuve.it. Mit dem »Chorus Pass« erhält man für 10 € Zugang zu den 15 wichtigsten Kirchen Venedigs, der Einzeleintritt kostet ansonsten 3 €. Infos unter www.chorusvenezia.org.

Venedig und seine Mäzene

Nur die besten Architekten, Maler und Bildhauer leistete sich die Serenissima für die Ausgestaltung ihrer prachtvollen Palazzi und Kirchen, daran hat sich bis heute nichts geändert: Der spanische Stararchitekt Santiago Calatrava entwarf die 2008 endlich installierte Ponte de la Constituzione am Piazzale Roma; für die Erweiterung der Friedhofsinsel San Michele wurde der Brite David Chipperfield engagiert. Weitere namhafte Baukünstler wie der Japaner Tadeo Ando arbeiten im Auftrag privater Mäzene.

Kunst im Ausverkauf

Ohne Mäzenatentum gäbe es beispielsweise kein **Museo Correr** mit seiner spektakulären Ausstellung zur Stadtgeschichte. Während Venedigs Adel nach dem Niedergang der Stadt Anfang des 19. Jhs. alles verkaufte, was sich zu Geld machen ließ, sammelte Teodoro Correr (1750–1830), was ihm in die Hände fiel und stopfte damit seinen Palazzo am Canal Grande voll. Heute wird diese Sammlung im nach dem Stifter benannten Museum am Markusplatz gezeigt.

▪ **Museo Correr**
San Marco 52
www.visitmuve.it
April–Okt. tgl. 10–19, Nov.–März 10–17 Uhr

Venedig im 18. Jh.

Das 18. Jh. war einer der Höhepunkte im venezianischen Kulturschaffen; Giambattista Tiepolo (1696–1770) schmückte Kirchen und Paläste mit illusionistischen Fresken und Canaletto (1697–1768) verewigte die Lagunenstadt in zahllosen Veduten. Versammelt sind die Meisterwerke dieser sowie vieler anderer Künstler des 18. Jhs. in der **Ca' Rezzonico,** die heute als Museo del Settecento Veneziano fungiert.

■ **Ca' Rezzonico**
Dorsoduro 3136
www.visitmuve.it
April–Okt. Mi–Mo 10–18, Nov.–März
10–17 Uhr

Die Biennale

1895 begründeten Venedigs Stadt-väter eine im Zweijahresturnus stattfindende Ausstellung zeitge-nössischer Kunst in einem Jugend-stilbau auf dem Gelände der Giar-dini Pubblici. Diesem **Palazzo delle Esposizioni** haben sich Länderpavil-lons in verschiedenen Architektur-stilen des 20. Jhs. zugesellt, und seit 1999 sind auch Teile des Arsenale einbezogen (nächster Termin 2015, alternierend findet die Architektur-Biennale statt, nächster Termin 2014). Einige Werke, die auf der Biennale Preise gewannen und von der Stadt angekauft wurden, haben eine neue Heimat in der **Ca' Pesaro**, der Internationalen Galerie für Mo-derne Kunst, gefunden, darunter Gustav Klimts »Judith II« (1909) und Wassily Kandinskys »Weißes Zickzack« (1922).

■ **Biennale**
www.labiennale.org
■ **Ca' Pesaro**
Santa Croce 2076
www.visitmuve.it
April–Okt. Di–So 10–18, Nov.–März
10–17 Uhr

Reiche Erbin für Venedig

Die exzentrische New Yorkerin Peg-gy Guggenheim (1898–1979) sam-melte Männer und moderne Kunst. 1949 kaufte sie das **Palazzo Venier dei Leoni,** in dem sie fortan lebte und gelegentlich Ausstellungen prä-sentierte. Nach ihrem Tod 1979 wandelte die Guggenheim-Stiftung das Wohnhaus in ein Museum um, dessen Schwerpunkt auf Werken der ersten Hälfte des 20. Jhs. liegt. Lange liebäugelte man mit dem Umzug an die nahe Punta della Dogana, doch diese Pläne wurden vom Kunstsammler François Pinault › unten durchkreuzt.

■ **Collezione Guggenheim**
Dorsoduro 701
www.guggenheim-venice.it
Mi–Mo 10–18 Uhr
14 €

Ein beleidigter Mäzen

Hätte die Stadt Paris François Pi-naults Wunsch, seine Sammlung zeitgenössischer Meisterwerke von Andy Warhol über Jeff Koons bis Damien Hirst in einer ehemaligen Autofabrik zu zeigen, nicht mit um-ständlicher Bürokratie behindert – Venedig wäre um zwei Attraktionen ärmer: Der genervte Pinault kaufte den Palazzo Grassi und eröffnete in dem von Tadao Ando genial umge-bauten Palast 2006 sein Museum. 2009 präsentierten Sammler und Architekt die Punta della Dogana als neuen Ausstellungsraum, in dem ergänzend zum Palazzo Grassi nun weitere Werke aus der Sammlung gezeigt werden.

■ **Palazzo Grassi**
Campo San Samuele
■ **Punta della Dogana**
Dorsoduro
www.palazzograssi.it
beide Museen Mi–Mo 10–19 Uhr
15 €, Kombiticket beide Museen 20 €

Shopping

Alice in Wonderland

 Murano-Glaskunst vom Feinsten; neben Glas auch Mosaiken, Bilder, Skulpturen.

- Via Garibaldi | Castello 1639
- Tel. 04 15 28 76 16
- www.alicefinearts.com

Nachtleben

Interpreti Veneziani

Die Konzerte der auf Barockkomponisten spezialisierten Musiker in der Kirche S. Vidal sind sehr stimmungsvoll.

- Chiesa S. Vidal
- www.interpretiveneziani.it

Torino@Notte

Szenetreff mit Musik von Reggae bis Funk; am Wochenende häufig Live-Jazz. Wenn's in der Bar zu eng wird, feiert man auf dem Campo weiter.

- Campo S. Luca
- Tel. 04 15 22 39 14

 Die schönsten Strände

- Feinen Sand und komfortable Stabilimenti zwischen Po und Adria bietet die **Spiaggia di Barricata** in **Porto Tolle** › S. 44.
- Eleganz der Jahrhundertwende – so könnte man die gepflegte **Spiaggia Des Bains** am **Lido von Venedig** beschreiben › S. 59.
- Gern von Nudisten besucht wird die **Spiaggia Laguna del Mort** bei **Eraclea Mare**, eine weite Bucht mit beeindruckender Artenvielfalt unter Wasser und unverbauter Natur › S. 59.
- **Spiaggia della Brussa**, ein letztes unverbautes Stück Natur **zwischen Caorle und Bibione** › S. 60.

Ausflüge von **Venedig**

Murano ❷

Vaporetti der Linien 4.1 und 4.2 setzen von den Fondamenta Nuove über zur Glasinsel, auf der seit dem Mittelalter das Geheimnis der Glasherstellung gehütet und Glas für den Export nach ganz Europa hergestellt wurde. Im hübschen Inselstädtchen dominieren Geschäfte, die Muranoglas in jeder erdenklichen Ausführung von Kitsch bis Kunst verkaufen. Das ***Museo del Vetro** sei nur besonders Interessierten empfohlen; die Präsentation der Gläser aus unterschiedlichen Epochen von der Antike bis zum Jugendstil ist nicht sehr inspirierend (April–Okt. tgl. 10–18, Nov.–März 10–17 Uhr, www.visitmuve.it). Angenehm ist hingegen der lauschige Innenhof des ehemaligen Bischofspalastes. Gleich um die Ecke verkauft Davide Penso in seinem Studio sehr geschmackvoll gestalteten Murano-Schmuck aus eigener Herstellung (Fodamenta Riva Longa 48, www.davidepenso.com).

*Lido ❸

Ein 12 km langer Streifen Sand schützt die Serenissima vor dem Meer. Jugendstilvillen in üppigen Gärten und legendäre Hotelnamen wie »Des Bains« (heute ein luxuriöser Apartmentkomplex) oder »Excelsior« erinnern an die große Zeit des Lido, als Prominenz und Adel hier ihre Sommerfrische verbrachten. Lord Byron soll den Lido entdeckt haben; ein Herr mit dem Spitznamen Fisola eröffnete 1857 die

Jesolo zählt im Sommer zu den beliebtesten Badeorten der Region

erste Badeanstalt, der seither zahllose *stabilimenti* in unterschiedlichen Graden der Exklusivität folgten. Zu den schönsten (und teuersten) zählt die Spiaggia Des Bains (Lungomare Guglielmo Marconi 17), die Thomas Mann in »Der Tod in Venedig« verewigt hat und die heute noch ungemein nostalgisch wirkt. Im Palazzo del Cinema werden alljährlich Ende August, Anfang September die Filmfestspiele abgehalten.

Badeorte an der Adriaküste

Die Küstenlinie zwischen Venedig und Grado zählt zu den beliebtestes Badezielen an der westlichen Adria. Feinsandige Strände und die flachen Gewässer eignen sich ideal für Familien mit kleinen Kindern. Einige der hier beschriebenen Küstenorte liegen bereits im Friaul.

Jesolo 4

Als Equilium von Rom auf einer Insel an der Mündung des Flusses Piave errichtet, blickt Jesolo (25 000 Einw.) auf eine lange Geschichte zurück, besitzt aber kaum Zeugnisse seiner Vergangenheit. Mit zahllosen Hotels und Ferienwohnungen bietet der Ort zusammen mit seinem Lido auf einer 20 km langen, nach Westen gerichteten Landzunge einer großen Zahl Feriengäste Unterkunft. Jenseits der Mündung des Flusses Sile schließt Cavallino Treporti an den Lido di Jesolo an; hier sind vor allem Campingplätze zu finden.

Etwas weiter in Richtung Nordosten und jenseits des Piave liegt der Badeort **Eraclea Mare.** Trotz der Verbauung findet sich hier ein idyllischer naturbelassener Strand, die von Dünen und Pinien umgebene Spiaggia Laguna del Mort, zwischen Piave und Meer.

Info

APT
- 30016 Jesolo
- Piazza Breschia 13
- Tel. 04 15 29 87 11
- www.jesolo.it

Hotel

Casa Bianca ●●●
Exklusiv wohnen und baden am Lido,
natürlich zu entsprechenden Preisen.
Beheizter Pool, Zimmer mit Meerblick.
- Piazzetta Casa Biancha 1
- Tel. 04 21 37 06 15
- www.hotelcasabianca.com

Restaurant

Al Traghetto ●●●

 Abseits des Rummels idyllisch am Piave
gelegen, serviert der Familienbetrieb frischen Fisch und Meeresgetier.
- Via Massaua 33
- Cortellazzo Jesolo
- Tel. 04 21 37 80 20
- www.ristorante-altraghetto.it

SEITENBLICK

Albergo diffuso in der Lagune
Die traditionellen Fischerhäuschen,
casoni, in denen die Männer die
meiste Zeit des Jahres auf den Inseln
der Lagune gelebt haben, sind heute
Teil eines nachhaltigen Tourismusprojekts, der »alberghi diffusi«: In die renovierten Häuschen sollen Touristen
einziehen. Sie können die Ruhe und
Abgeschiedenheit der Lagunenlandschaft intensiv erleben, mit Kanus zur
Erkundung aufbrechen oder einfach
nur relaxen. Infos über die Projekte
unter www.albergodiffuso.com und
www.lagunadoro.it.

Caorle 5

Bis in die 1930er-Jahre war Caorle
(12 000 Einw.) der einzige Ort direkt an der Küste zwischen Venedig
und Grado. Von seiner einstigen
Bedeutung zeugt die ***Kathedrale**
aus dem 11. Jh. mit einigen erhaltenen gotischen Fresken. An der
Marina und den benachbarten Badeorten Duna Verde und Porto
S. Margherita sind die feinsandigen
Strände akkurat in Stabilimenti aufgeteilt. Den Küstenstreifen ***Valle
Vecchia** säumt einer der wenigen
wilden Strände der oberen Adria,
die **Spiaggia della Brussa** (12 km
nordöstlich von Caorle, via Lugugnana nach Brussa).

Info

APT
- 30021 Caorle
- Rio Terrà 3
- Tel. 04 15 29 87 11
- www.caorleturismo.it

Hotel

Villa dei Dogi ●●
Die ruhige Villa liegt etwas außerhalb
und besitzt ein gutes Restaurant.
- Ottava Presa di Caorle
- Via Cadore 5
- Tel. 042 18 81 25
- www.villadeidogi.it

Restaurant

Al Faro ●●
Serviert werden Meeresfrüchte und alle
Arten von Fisch, frisch zubereitet und
köstlich! Der Wirt ist eine Institution.
- Via Livenza 2
- Tel. 04 21 21 12 71
- www.alfaro-caorle.com

Bibione 6

Der Ort hat sich auf einer Landzunge entwickelt und besteht aus nichts anderem als Strand, Hotels und Apartmenthäusern. Hier verbringen Tausende italienischer Familien ihren Sommerurlaub.

Lignano 7

Jenseits des Tagliamento und damit bereits im Friaul gelegen, säumt der Ort mit Unterkünften aller Kategorien und penibel aufgereihten Stabilimenti die Lagune von Marano. Hierher kommt man zum Baden oder um im **Beachclub Tahiri** ●●● (Via Carso 45, Tel. 043 17 00 51, www.tahiri.it) beim Verzehr der vorzüglichen Gamberoni-Spießchen zu sehen und gesehen zu werden.

Marano Lagunare 8

Einen Besuch wert ist der Fischereihafen Marano Lagunare mit hübschem Zentrum rund um einen 1000-jährigen Turm. Von den vielen guten Restaurants ist die **Taverna Al Pescatore** ●● besonders zu empfehlen. Hier, neben Hafen und Fischhalle, kommen die frischesten Gaben des Meeres auf den Teller (Via San Vito 18, Tel. 043 16 70 23, www.tavernaalpescatore.com).

*Grado 9

Der traditionsreiche Badeort (10 000 Einw.), dessen Altstadt auf einer mit dem Festland verbundenen Laguneninsel liegt, war in der Antike der Seehafen Aquileias und nach dessen Zerstörung Fluchtort für seine Bewohner, schließlich auch für den Patriarchen, der 568

Herz der Lagunenstadt Grado: der alte Hafen

dorthin übersiedelte. Als Aquileia Nova wurde es kirchliche Hauptstadt Seevenetiens. Aus dieser Zeit stammen die alten Kirchen: Die dreischiffige *Kathedrale Santa Eu-

SEITENBLICK

Ausflug in die Lagune 10

Mit dem Taxiboot können Sie ab Grado eine Rundfahrt durch die mit 12 000 ha größte Lagune des Mittelmeers unternehmen. Entlang der Wasserkanäle und vorbei an Inselchen, viele mit den charakteristischen, aus Stampflehm und Stroh erbauten *casoni*, lässt sich eine einzigartige, unter Naturschutz stehende Landschaft erleben. Birder können versuchen, eine der 238 verzeichneten Vogelarten zu sichten – Reiher, Wasserhühner, Stockenten und zahllose Möwen sind auf jeden Fall zu sehen. Auf einigen der Inseln locken Restaurants wie das **Ai Ciodi** ●● zur Mittagsrast (nur April–Okt.).

▮ Isola di Anfora
▮ Mobil-Tel. 033 57 52 22 09
▮ www.portobusoaiciodi.it

femia, 579 geweiht, enthält ein
*Fußbodenmosaik aus dem 6. Jh.
Daneben stehen das **Baptisterium**
(5. Jh.) und die Kirche **Santa Maria
delle Grazie,** ebenfalls 6. Jh.

Mit der Eröffnung der ersten Badeanstalt 1890 erlebte Grado einen
ungeahnten Aufschwung als Seebad
der österreichischen Aristokratie.
Die schönen Strände in der Lagune
sind sehr gepflegt und vergleichs-
weise beschaulich.

Info

APT
- 34073 Grado
- Viale Dante Alighieri 72
- Tel. 04 31 89 91 11
- www.gradoit.it

Hotels

Hannover ●●●
Kleines Hotel am alten Fischerhafen mit
geräumigen Zimmern, schönem
Innenhof und feinem Restaurant.
- Piazza XXVI Maggio 10
- Tel. 043 18 22 64
- www.hotelhannover.com

Albergo alla Spiaggia ●●
Nostalgisches Hauses vom Anfang des
20. Jhs. mit 40 aufs Meer hinausgehen-
den, stilvoll modernisierten Zimmern.
- Via Mazzini 2
- Tel. 043 18 01 62
- www.albergoallaspiaggia.it

Restaurants

Al Pontil de Tripoli ●●●

Typische Gerichte aus Grado wie Boreto
werden in dem Restaurant auf dem alten Steg sehr fantasievoll und nach modernen Gesichtspunkten verfeinert.

- Riva Garibaldi 17
- Isola della Schiusa
- Tel. 043 18 02 85
- www.alpontildetripoli.it

Canevon ●●
Feine venetische Landhausküche in
einem begrünten Innenhof.
- Calle Corbatto 11
- Tel. 043 18 16 62
- www.ristorantealcanevon.it

Trattoria Al Balaor ●●
Winziges Lokal am alten Hafen. Köst-
liche Pasta- und frische Fischgerichte,
freundliche, familiäre Atmosphäre.
- Calle Zanini 3
- Tel. 043 18 08 22

***Aquileia 🔢

Von Aquileia (3400 Einw.), der in
der Antike wichtigen Hafenstadt, ist
nach der Zerstörung durch Hunnen
und Langobarden nur wenig übrig
geblieben: einige Säulen am Forum,
Ladekais und Rampen am Fluss-
hafen, Straßenpflaster und Graban-
lagen. 1998 erklärte die UNESCO
Aquileia zum Weltkulturerbe.

Geschichte

Aus dem Bistum von Aquileia, das
bereits 313 gegründet wurde, er-
wuchs der mittelalterliche Feudal-
staat der Patriarchen von Aquileia,
der unter der Oberhoheit des Heiligen Römischen Reiches das Friaul
beherrschte. Nach den Zerstörun-
gen durch Hunnen (452) und Langobarden (552) wurde Aquileia auf-
gegeben, die Bevölkerung flüchtete
mit dem Bischof nach Grado. Der

Größter Schatz der Kathedrale von Aquileia: der prächtige Mosaikfußboden

Lagunenbereich blieb als Seevenetien unter byzantinischer Hoheit. Von Byzanz übernahmen die Bischöfe von Aquileia den Titel eines Patriarchen. Im Mittelalter verlegten sie ihren Sitz erst nach Cormons, dann nach Cividale und Udine. Seit dem 14. Jh. durch die Expansion Venedigs geschwächt und in der Folge wieder auf den geistlichen Bereich beschränkt, wurde das Patriarchat von Aquileia im Jahre 1751 dann aufgelöst.

 ## Kathedrale und Museen

Als Höhepunkt romanischer Baukunst gilt die im 11. Jh. errichtete ***Kathedrale. So beeindruckend die große Basilika mit der freskierten Hauptapsis auch wirkt, die Hauptattraktion ist der prachtvolle ***Mosaikfußboden, der zu der ältesten, 310/319 errichteten Kirche gehört – mit 645 m² der größte der christlichen Spätantike. In ein Meer von Fischen sind Bildszenen zur Jonaslegende eingefügt (Sommer tgl. 9–18, So 9–17, im Winter Mo–Fr 9–16.30, Sa, So 9–17 Uhr).

Ehrfurchtsvoll stimmt auch die *Krypta (9. Jh.) mit byzantinischen Fresken (um 1180). Über das linke Seitenschiff erreicht man die *Cripta dei Scavi* mit römischen Fundamenten.

Im *Museo Archeologico auf der anderen Seite der Hauptstraße kann man unter anderem kunsthandwerkliche Meisterwerke aus dem römischen Aquileia bestaunen (Di–So 8.30–19.30 Uhr). Im *Museo Paleocristiano ist das frühchristliche Aquileia dokumentiert (wegen Restaurierung bis auf Weiteres nur Do 8.30–13.45 Uhr, Eintritt frei).

Info

Pro Loco
▪ 33051 Aquileia
▪ Piazza Capitolo 4
▪ Tel. 043 19 10 87
▪ www.prolocoaquileia.it

Restaurant

Patriarchi ●●

Das elegante Hotelrestaurant serviert exzellente Fischgerichte und friulische Weine (Mi geschl.).

▪ Via G. Augusta 12

▪ Tel. 04 31 91 95 95

▪ www.hotelpatriarchi.it

Chioggia 🔢

Venedigs kleine Schwester (54 000 Einw.) schließt die Lagune von Venedig im Süden ab. Wie die Serenissima wurde sie teils auf Pfählen erbaut. Drei geradlinig verlaufende Kanäle unterteilen das Stadtgebiet. Seit 1380 war Chioggia Venedig untertan und teilte sein politisches Geschick.

Von Süden kommend betreten Sie die Altstadt am Garibaldi-Tor. Die *Kathedrale wurde 1110 errichtet und nach einem Brand im 17. Jh. von Baldassare Longhena barock wieder aufgebaut. Das *Oratorio di San Martino nebenan birgt ein Tafelbild von Paolo Veneziano, ist aber leider meist verschlossen. Den Corso del Popolo nach Norden gehend, passiert man weitere Gotteshäuser und biegt nach der Piazza XX. Settembre zum Kornspeicher *Granaio von 1322 ab, an dem vormittags einer der größten Fischmärkte in der Lagune abgehalten wird. Hier stehen Sie an der mittleren der drei Wasserstraßen, dem *Canal Vena, der sich mit seinen Brücken und den im Wasser dümpelnden Booten sehr idyllisch präsentiert. Am Ende des Corso nach rechts über den Ponte Vigo und weiter geradeaus geht's

**Erst-!
klassig**

schließlich auf die Isola San Domenico mit dem gleichnamigen Kloster, dessen *Kirche San Domenico neben Werken von Tintoretto auch das letzte von Carpaccio signierte Gemälde, »San Paolo«, birgt.

Info

IAT

▪ 30015 Chioggia

▪ Palazzo Ravagnan | Riva Vena 895

▪ Tel. 04 15 29 87 11

▪ www.turismovenezia.it/chioggia

Hotels

Grande Italia ●●●

Nostalgie, Eleganz und moderner Komfort an der Piazzetta Vigo mit Blick über die Lagune.

▪ Rione S. Andrea 597

▪ Tel. 041 40 05 15

▪ www.hotelgrandeitalia.com

Clodia ●

Das einfache Haus liegt zentral in der Altstadt und bietet sich als günstige Unterkunft an.

▪ Calle Forno Filippini 876

▪ Tel. 041 40 08 13

▪ www.hotelclodia.it

Restaurants

Alle Baruffe Chiozzotte ●●●

Das Edelrestaurant im Hotel Grande Italia steht für traditionsreiche Küche, vornehmlich Fisch.

Trattoria Al Buon Pesce ●●

Das Restaurant im Herzen der Altstadt überzeugt mit hervorragend komponierten Fischgerichten.

▪ Calle Ponte Caneva 625

▪ Tel. 041 40 08 61

Aus dem 15. Jh. stammt das Holzpferd im Palazzo della Ragione

**Padua 13

Padua (213 000 Einw.) ist nach Venedig und neben Verona die größte und wichtigste Stadt des Veneto. Rund 60 000 Studenten zählt die 1222 gegründete traditionsreiche Universität. Fast ebenso alt ist die Basilika des heiligen Antonius, eine der bedeutendsten Wallfahrtsstätten Italiens. Von jeher wurde Paduas kommerzieller Reichtum auch in Kunst investiert. Wer die Museen, Kirchen und Villen besichtigen möchte, der sollte sich die Padova Card (16 € für 48 Std.) besorgen. Sie berechtigt zum kostenlosen oder ermäßigten Eintritt.

Geschichte

Vom Patavium der Römerzeit sind kaum Spuren geblieben. Die Langobarden machten Padua im Jahre 601 dem Erdboden gleich. Erst im 11. Jh. entfaltete sich unter Förderung der Bischöfe neues Leben. 1175 wählte man den ersten *Podes-*tà als Oberhaupt der freien Stadtkommune, im Jahr 1218 entstand am Markt ihr stolzes Symbol, der Palazzo della Ragione. 1222 wurde die Universität gegründet. Von 1405 bis 1797 verblieb Padua unter dem sanften Joch Venedigs. Nach dem Ende der verhassten Habsburgerherrschaft erfolgte 1866 der Anschluss an das Königreich Italien. Schwere Schäden erlitt die Altstadt während der Luftangriffe des Zweiten Weltkriegs.

Rund um den **Palazzo della Ragione A

Die Mitte der Bürgerstadt bildet bis heute der Palazzo della Ragione, der Rats- und Gerichtssaal von 1218 (Erweiterung 1309), ein mächtiger frei stehender Bau mit zweigeschossigen Loggien und einem gewaltigen hölzernen Kielbogendach. **Salone,** »Großer Saal«, nennen ihn die Paduaner nach dem riesigen Versammlungsraum im Obergeschoss, der den Bau in ganzer Länge und Breite (80 m × 27 m) ausfüllt. Er ist über und über mit *Fresken bemalt, die u. a. den Einfluss der Sternzeichen zum Thema haben und im Laufe des 14. Jhs. von Giotto und seinen Schülern ausgeführt wurden. Das riesige Holzpferd im Saal wurde im Jahr 1466 für ein öffentliches Turnier in Auftrag gegeben (im Sommer Di–So 9–19, im Winter 9–18 Uhr).

Vor dem Palazzo della Ragione breitet sich auf der ***Piazza delle Erbe** der farbenfrohe Gemüse- und Obstmarkt aus, der bereits auf die Frühzeit der Kommune im 12. Jh. zurückgeht.

Nur ein paar Schritte trennen das Zentrum der Bürgerstadt von dem der Machthaber, wo einst an der **Piazza dei Signori** der Herrschersitz der Carrara stand. Nach ihrem Sturz richteten hier die Venezianer die Säule mit dem Markuslöwen als Siegeszeichen auf und säumten die Piazza mit eleganten neuen Verwaltungsbauten: der schön proportionierten ***Loggia del Consiglio** Ⓑ (1496–1523) sowie den Flügeln des **Palazzo del Capitano** Ⓒ (16./17. Jh.) mit einem Uhrturm in der Mitte, beide gestaltet von dem Paduaner Renaissancebaumeister Giovanni Falconetto.

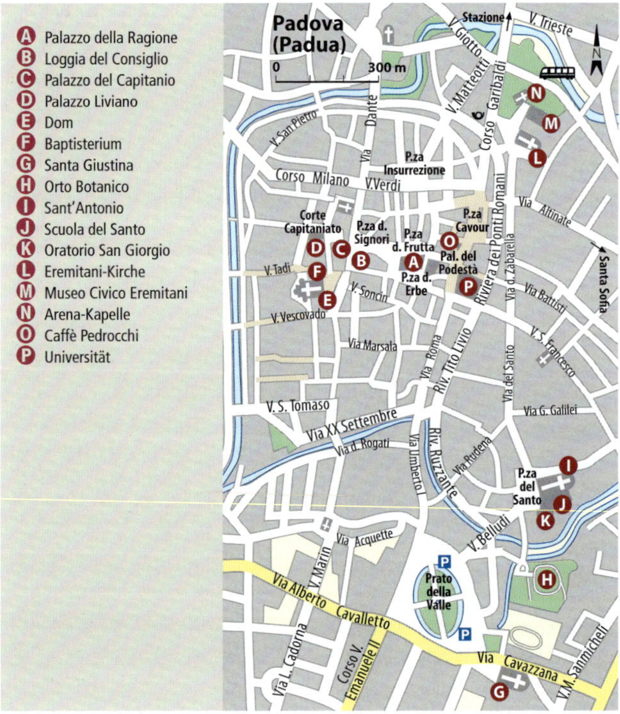

Ⓐ Palazzo della Ragione
Ⓑ Loggia del Consiglio
Ⓒ Palazzo del Capitano
Ⓓ Palazzo Liviano
Ⓔ Dom
Ⓕ Baptisterium
Ⓖ Santa Giustina
Ⓗ Orto Botanico
Ⓘ Sant'Antonio
Ⓙ Scuola del Santo
Ⓚ Oratorio San Giorgio
Ⓛ Eremitani-Kirche
Ⓜ Museo Civico Eremitani
Ⓝ Arena-Kapelle
Ⓞ Caffè Pedrocchi
Ⓟ Universität

Padova (Padua)

0   300 m

Ein eindrucksvoller Freskenzyklus schmückt das Baptisterium

Durch den Bogen des Uhrturms gelangt man auf die Corte Capitaniato. Hier liegt auf der linken Seite der **Palazzo Liviano** , Sitz der philosophischen Fakultät der Universität. Die Caféstühle unter schattigen Bäumen sind ein beliebter Treff der Studenten.

Durch die Via Accademia erreichen Sie die Piazza del Duomo. Neben dem **Dom** 🄴, gegründet im 9. Jh., dessen Architektur nach dem Neubau (1551–1754) keine mittelalterlichen Spuren mehr aufweist, liegt das romanische ***Baptisterium** 🄵, die Taufkapelle (12./13. Jh.). Der Bau, ein schlichter Kubus mit aufgesetzter Rotunde, ist innen bis in die Kuppel hinauf mit einem *Freskenzyklus bemalt, in dem sich Einflüsse der Arena-Kapelle Giottos › S. 69 und byzantinische Bildtraditionen mischen. Dieses Hauptwerk des Florentiners Giusto de' Menabuoi wurde zwischen 1375 und 1378 ausgeführt (tgl. 10–18 Uhr).

Vom Dom zum Santo

Vom Domplatz zweigt die **Via Soncin** ab, wo sich bei Nr. 13 ein besonders sympathischer Ort für eine Erholungspause bietet, die **Osteria L'Anfora** ●● (Via Soncin 13, Tel. 0 49 65 66 29). Die Straße führt weiter zu einem kleinen Platz an der Mündung der **Via Solferino** und in ein noch ganz mittelalterliches Padua enger Gassen mit heimeligen Laubengängen.

Erst-
klassig

Um die Via Soncin und Solferino lag zwischen 1603 und 1797 das jüdische **Getto.** Paduas Universität war damals die einzige, die Juden zum Medizinstudium zuließ. Die letzte der drei Synagogen, von den Nazis 1943 in Brand gesteckt, wurde 1998 restauriert.

Über die Via Roma und Via Umberto gelangt man in südlicher Richtung zur weiten Fläche des ***Prato della Valle,** der im Jahr 1775 zu einem neuen Markt- und Messeplatz von barocker Pracht umgestal-

Eine der bedeutendsten Kirchen der Christenheit: die Basilika Sant'Antonio

tet wurde. 78 Statuen berühmter Bürger flankieren einen elliptischen Ringkanal, über den zierliche Brücken zu einer zentralen Inselwiese *(prato)* führen. Hier treffen sich jeden dritten Sonntag im Monat beim

Erst-klassig großen Mercatino d'Antiquariato die Schnäppchenjäger.

Die Benediktinerkirche ***Santa Giustina** Ⓖ wurde im 16. Jh. über älteren Vorgängerbauten mit kolossalen Ausmaßen (122 m Länge) und acht Kuppeln nach dem Vorbild der Antoniusbasilika errichtet. Interessant sind die Teile älterer Bauten zwischen südlichem Querhaus und Chor, etwa der ***Sacello di San Prodoscimo** aus dem 6. Jh. und die Sakristei von 1462 (Sommer 7.30–12, 15–20, Winter 8–13, 15–20 Uhr).

Auf dem Weg zum Santo liegt der Eingang zum UNESCO-Welterbe *****Orto Botanico** Ⓗ, dem ältesten seiner Art, der 1545 von der Universität zum Studium der Heilpflanzen

angelegt wurde. Von hier aus verbreiteten sich »Exoten« wie Kartoffel und Sonnenblume in ganz Europa. Den ältesten Baum des Gartens, die 1578 gepflanzte »Goethepalme«, hat bereits der Dichterfürst bewundert. Goethe dachte angesichts der Pflanzenvielfalt über seine Theorie einer »Urpflanze« nach (März–Sept. Mo–Sa 9–19, So 10–19, Nov.–März Mo–Sa 9–15, So 10–15 Uhr, www. ortobotanico.unipd.it).

Die berühmte Basilika ****Sant' Antonio** Ⓘ, kurz **Il Santo,** wurde 1232, ein Jahr nach dem Tod des Heiligen, über dessen Grab errichtet. Architekturgeschichtlich stellt der Bau ein Unikum dar in seiner Synthese von spitzen gotischen Giebelfassaden, Kuppeln nach dem Vorbild von San Marco in Venedig und minarettartigen Türmen.

Die Basilika enthält ***Bronzewerke** von Donatello am Hochaltar und großartige Fresken von Altichieri in der *Cappella di San Felice im rechten Querhausarm. Im linken Querhaus befindet sich die *Cappella dell'Arca del Santo, die Grabkapelle des hl. Antonius (tgl. 6.20–19.45 Uhr, www.basilicadelsanto.org).

Rechts von der Basilika schließt sich die *Scuola del Santo **J** an mit *Fresken des frühen 16. Jhs., an denen der junge Tizian mitwirkte und die das Leben des Heiligen abbilden, und das *Oratorio San Giorgio **K** mit sehr schönen Fresken von Altichieri von 1384 (April–Okt. tgl. 9–12.30, 14.30–19, Nov.–März 9.30–12.30, 14.30–17 Uhr).

*Eremitani-Kirche **L**

Als 1944 ein Bombenangriff die Eremitani-Kirche und das zugehörige Kloster in Schutt und Asche legte, ging mit den einstürzenden Mauern u. a. das Frühwerk von Andrea Mantegna in der *Ovetari-Kapelle verloren, einer der bedeutendsten Freskenzyklen der Frührenaissance. Nur zwei Bildszenen sind teilweise erhalten, anhand derer man die Größe des Verlusts ermessen kann (Mo–Sa 8.15–12.15, 16–18, So 9–12.15, 16–18 Uhr).

Im rekonstruierten Klosterkomplex präsentiert das **Museo Civico Eremitani **M** archäologische Funde und eine *Pinakothek mit Gemälden aus dem Zeitraum vom 14. bis 18. Jh. (tgl. 9–19 Uhr).

Arena-Kapelle **N

Über das Museum erhält man Zugang zur Arena-Kapelle, offiziell Cappella degli Scrovegni. Sie wurde vom Bankier Enrico Scrovegni kurz nach 1300 zusammen mit einem Palast (abgebrochen) auf dem Gelände des römischen Amphitheaters in Auftrag gegeben. 1305 holte er Giotto aus Florenz, der mit einzigartigen **Fresken sein Meisterwerk schuf. Unter dem blauen Himmelsgrund der Wölbung wird das Leben Christi und Mariens in einer zukunftsweisenden Bildsprache illustriert. Die Besichtigung der Kapelle muss mindestens 24 Stunden, besser aber bereits drei Tage im Voraus telefonisch oder online angemeldet werden (tgl. 9–19 Uhr 30-minütige Besuche, Di–So 19–22 Uhr 20-minütige Abendbesuche, 25./26. Dez., 1. Jan. geschl., Tel. 04 92 01 00 20, www.cappelladegliscrovegni.it).

*Caffè Pedrocchi **O** und Universität **P**

An der Piazza Cavour lockt das älteste Kaffeehaus der Stadt (seit 1831), das Caffè Pedrocchi. Hier versammelten sich 1848 die rebellischen Geister der Universität, um den Aufstand gegen die Österreicher anzuzetteln (Di–So 9.30–12.30, 15–18, Aug. Di–Do 9–22, Fr–So 23 Uhr, www.caffepedrocchi.it)

An der Via VIII Febbraio steht das Hauptgebäude der 1922 gegründeten Universität. Den größten Ruhm trägt ihr bis heute die medizinische Forschung ein. Bei einer Führung kann man u. a. das Katheder besichtigen, an dem Galilei 1592 bis 1610 lehrte, und das berühmte *Teatro Anatomico, den Anatomiesaal von 1592, in dem trotz kirchlichen Verbots heimlich in der Nacht Leichen seziert und die Grundlagen für die moderne Anatomie geschaffen wurden (Führungen März–Okt. Mo, Mi, Fr 15.15, 16.15, 17.15, Di, Do, Sa 9.15, 10.15, 11.15, Nov.–Febr. Mo, Mi, Fr 15.15, 16.15, Di, Do Sa 10.15, 11.15 Uhr, www.unipd.it).

Info

IAT
- 35137 Padua
- Galleria Pedrocchi
- Tel. 04 98 76 79 27
- Piazzale Stazione Ferroviaria 13/A
- Tel. 04 98 75 20 77
- www.turismopadova.it
- www.apadova.info

Hotels

Majestic Toscanelli ●●●
Mitten in der Altstadt gelegen; die stilvolle Gestaltung der Zimmer bezieht Teile der historischen Baustruktur aus dem 18. Jh. mit ein.
- Via dell'Arco 2
- Tel. 049 66 32 44
- www.toscanelli.com

Al Fagiano ●●
Farbenfroh und modern empfängt das Mittelklassehotel seine Gäste; jede Etage hat ihr individuelles Design. Kleine, aber komfortable Zimmer.
- Via A. Locatelli 45
- Tel. 04 98 75 00 73
- www.alfagiano.com

Casa del Pellegrino ●●
Pilgerherberge vis-à-vis von Il Santo. Schlichte, pieksaubere Zimmer, ruhig, mit eigenem Parkplatz.
- Via M. Cesarotti 21
- Tel. 04 98 23 97 11
- www.casadelpellegrino.com

Restaurants

Antica Osteria Dal Capo ●●
Das winzige Traditionslokal im ehemaligen Getto verdankt seine große Beliebtheit der bodenständigen Küche.
- Via degli Obizzi 2
- Tel. 049 66 31 05
- www.osteriadalcapo.it

Godenda ●●
Kleine Köstlichkeiten wie marinierte Jakobsmuscheln und Fischtartar. So geschl.
- Via Squarcione 4/6
- Tel. 04 98 77 41 92
- www.godenda.it

La Corte dei Leoni ●●
Nahe der Piazza delle Frutta gelegene Enoteca mit hübschem Innenhof. Leckere kleine Gerichte, an manchen Abenden Livemusik.
- Via Boccalerie 8
- Tel. 04 98 75 00 83
- www.cortedeileoni.it

Aktivitäten

Eine **Schiffsfahrt auf dem Brenta-Kanal** bis Venedig, vorbei an den Prunkvollen Landhäusern des Adels aus dem 16. bis 19. Jh., ist ein unvergessliches Erlebnis › **S. 39**.

Abano Terme 🔢

Zentrum des beliebten Kurortes (19 000 Einw.) in den Colli Euganei ist der grüne **Viale delle Terme** mit den alten Nobelhotels »Orologio« und »Trieste e Victoria«. Eine majestätische Säulenfront markiert den Eingang zur ältesten Heilquelle Montirone. Das mineralienreiche

Wasser tritt mit einer Temperatur von 87 °C zutage › **Exkurs unten**. Genutzt wurde dessen Heilkraft bereits von den Venetern; nach ihnen suchten die römischen Bürger Paduas in einer wahren Thermenstadt Heilung, Entspannung und Unterhaltung. Erst das 19. Jh. knüpfte an die Thermentradition an und machte Abano und die anderen Kurorte zu mondänen Bädern. Jedes von Abanos rund 120 Hotels hat eine Kuranlage mit eigener Quelle. Längst ergänzen moderne Wellnesseinrichtungen und großzügig angelegte Golfplätze das Freizeitangebot.

SEITENBLICK

Thermen mit Tradition

Die heißen Quellen der Colli Euganei entstehen durch ein geothermisches Phänomen: In den Voralpen dringt Regenwasser bis in 3000 m Tiefe und tritt 25 Jahre später nach etwa 100 km, auf über 80 °C erwärmt und mit Mineralien angereichert, wieder an die Oberfläche. Die Stadt **Montegrotto** war als *Mons Aegrotorum* (Berg der Kranken) schon zur Zeit der Römer ein Kurbad, wie die Ausgrabungen belegen.

Abano Terme ist der Mittelpunkt des größten Fangotherapiezentrums von Europa. Wärmeliebende Algen lassen in Thermalbecken den heilsamen Fangoschlamm reifen, der Rheuma- und Arthrosekranken Linderung verspricht – ergänzt durch Anwendung jod- und bromhaltiger Mineralwässer und die Inhalation feucht-heißer Luft in eigens dafür eingerichteten Schwitzgrotten.

Info

IAT

Hier erhält man auch alle nötigen Infos zu den Thermalbädern.

- 35031 Abano Terme
- Via Pietro d'Abano 18
- Tel. 04 98 66 90 55
- www.abanoterme.net

Hotels

Bristol Buja ●●●

5-Sterne-Thermalhotel mit eigener Kurabteilung, Innen- und Außenpool sowie Schönheitsfarm.

- Via Monteortone 2
- Tel. 04 98 66 93 90
- www.bristolbuja.it

Due Torri ●●●

Luxus in einem renovierten Patrizierhaus mit Pool, Beauty- und Fitnesscenter.

- Via Pietro d'Abano 18
- Tel. 04 98 63 21 00
- www.hotelduetorriabano.it

Restaurant

Osteria al Filò ●●

Köstliches Essen, gemütliche Atmosphäre, guter Wein und moderate Preise.

- 35031 Abano
- Via Appia Monterosso 94
- Tel. 04 98 60 15 62
- www.osteriaalfilo.com

Ausflug zur *Abbazia di Praglia 15

Im 11. Jh. gegründet, stellt sich die große Benediktinerabtei, 6 km westlich von Abano Terme, heute als einheitliche Renaissanceanlage um vier große Kreuzgänge dar. Die

Blick vom Haus des Petrarca auf die Hügellandschaft der Colli Euganei

Kirche (1490–1560) entstand nach Plänen von Tullio Lombardo. Das Kloster ist heute ein internationales Zentrum der Buchrestaurierung. Außerdem werden im Klosterladen Honig, Wein und Heilkräuter aus eigenem Anbau verkauft (während der Sommerzeit Führungen Di–Sa 14.30, 15.10, 15.50 und 16.30, So 14.30–16.30 Uhr halbstündlich; in der Winterzeit jeweils 1 Std. später, www.praglia.it).

*Arquà Petrarca 16

Der Ort hat viel von seiner mittelalterlichen Atmosphäre bewahren können. Hier verbrachte der Dichter Francesco Petrarca (1304–1374) in Zurückgezogenheit seine letzten Lebensjahre, und zwar in der *Casa del Petrarca (März–Okt. Di–So 9–12.30, 15–19, Nov.–Febr. 9–12, 14.30–17.30 Uhr). Vor der Pfarr-

kirche steht die Tomba del Petrarca (14. Jh.). Seit man den Sarkophag 2004 öffnete, rätselt die Wissenschaft: Der Schädel darin gehörte einer Frau. Bei den Knochen handelt es sich aber vermutlich um die sterblichen Überreste des Dichters.

Hotel

Villa del Poeta ●●
Freundliches, modernes Haus im Grünen, nicht weit vom Zentrum.
▌ Via Zane 5
▌ Tel. 04 29 77 73 61
▌ www.villadelpoeta.it

Restaurant

La Montanella ●●
Feines Lokal inmitten eines blühenden Gartens. Die Spezialität des Hauses ist ein altes Paduaner Rezept: Ente in Obst.
▌ Via dei Carraresi 9
▌ Tel. 04 29 71 82 00
▌ www.montanella.it

Shopping

Enoteca da Loris

Für Feinschmecker: Hier bekommt man den roten Moscato.

■ Via Valleselle 11
■ www.enotecadaloris.it

Frantoio Cardin

Sehr gutes Olivenöl ist hier im Angebot.

■ Piazza Petrarca 4/3
■ Tel. 04 29 71 82 90

*Monselice 17

Der Ort (17 500 Einw.) liegt am Fuß der Euganeischen Hügel. Hübsch ist die zentrale **Piazza Mazzini** (1870 neu gestaltet) mit einer Loggia des 16. Jhs. und dem Stadtturm aus dem 13./16. Jh.

Von der Piazza Mazzini hügelaufwärts gehend erreicht man auf der gepflasterten Straße gleich das *Castello Cini-Ca'Marcello, einen restaurierten Burgkomplex, der mit Möbeln aus Mittelalter und Renaissance ausgestattet wurde und zudem eine interessante Waffensammlung sowie eine Bibliothek beherbergt (letzter So im März bis letzter So im Nov. Di–So Führungen um 9, 10, 11, 14, 15 und 16 Uhr, im Winter nachmittags jeweils 1 Std. früher, www.castellodimonselice.it).

Hangaufwärts passiert man die **Villa Nani-Mocenigo** mit grotesken Gnomen auf der Mauer, die auf den Familiennamen anspielen (italienisch *nani* = Zwerge), und kommt zum *Duomo Vecchio, der ehemaligen Kathedrale mit streng-schöner spätromanischer Außengliederung und einem Glockenturm (13. Jh.).

Eine Reihe von sechs Kapellen und eine kleine Kirche vor dem Aufgang zur **Villa Duodo** bilden das Santuario delle Sette Chiese. Pietro Duodo, der Erbauer der Villa, bewahrte hier die Reliquien auf, die er vom Papst 1592 für seine Dienste als Gesandter Venedigs am Heiligen Stuhl erhalten hatte. Die Villa selbst kann man nicht besichtigen.

Restaurant

La Torre ●●

Das Restaurant ist auf Gerichte mit Trüffeln spezialisiert. So, Mo geschl.

■ Piazza Mazzini 14
■ Tel. 042 97 37 52
■ www.ristorantelatorremonselice.it

Rivella 18

In Rivella nördlich von Monselice sollte man die wunderschöne Gartenanlage der **Villa Emo Capodilista** (1588 von Vincenzo Scamozzi angelegt) besuchen, die 1960 von der Contessa Emo mit Blumenparterres neu gestaltet wurde (Besichtigung nur für Gruppen nach Voranmeldung unter Tel. 049 63 72 94, www.lamontecchia.it).

*Este 19

Vor 3000 Jahren war der Ort (18 000 Einw.) das bedeutendste Zentrum der Veneter, die im Gebiet der Colli Euganei siedelten. Die mit Türmen bewehrten Mauern des *Castello (14. Jh.), der Burgruine am Hang, bilden heute den monumentalen Rahmen für den *Stadtpark, vor dessen Aufgang das reich mit archäologischen Funden bestückte **Museo Nazionale Atestino** steht (tgl. 8.30–19.30 Uhr). Gegenüber liegt das Zentrum um die **Piazza Maggiore** mit dem Rathaus (16. Jh.) und der breiten **Via Matteotti**. Westlich der Piazza erreicht man über die Via Cavour den **Dom Santa Tecla** (um 1700) mit einem *Hochaltarbild von Tiepolo (1759), das die Befreiung der Stadt von der Pest durch Fürbitte der hl. Thekla darstellt. Wer Lust und Zeit hat, schlendert von hier aus noch zur Via Principe Umberto, die Kirche **San Martino** samt schiefem Glockenturm ist einen Blick wert.

Restaurant

Antica Torre ●●
Gute Fleisch- und Fischgerichte sowie Holzofenpizza (Mo nur Pizza).
▪ Via Cornaro 11 | Ponte della Torre
▪ Tel. 04 29 34 84
▪ www.ristoranteanticatorre.it

Shopping

Este Ceramiche Porcellane
Este ist ein bekanntes Keramikzentrum. Wer schöne Töpferwaren sucht, sollte sich hier umschauen.
▪ Via S. Sabina 31
▪ www.esteceramiche.com

*Montagnana 20

Das Städtchen besitzt eine bestens erhaltene **Stadtmauer** mit 24 Türmen, 1360–1362 unter den Carrara errichtet. Man kann sie außen im grünen Stadtgraben umwandern. In diesem Graben wird jedes Jahr am ersten Septembersamstag der be-

rühmte **Palio dei 10 Comuni** veranstaltet, ein farbenprächtiges, historisches Pferderennen, das Scharen von Besuchern anzieht.

An den Schmalseiten stehen sich die Rocca degli Alberi und das Castello di San Zeno (Museum) gegenüber, die Burg Ezzelinos da Romano (1242). An der Hauptachse **Via Matteotti** liegt der Hauptplatz mit dem **Dom** (1431–1502), an dem von 1431 an 70 Jahre lang gebaut wurde und der sich im Übergang von der Gotik zur Renaissance präsentiert.

Info

IAT
▪ 35044 Montagnana
▪ Castel S. Zeno | Piazza Trieste 15
▪ Tel. 042 98 13 20
▪ www.comune.montagnana.pd.it

Hotel/Restaurant

Albergo Aldo Moro ●●
In dem sympathischen Hotel können Sie in komfortablen Zimmern übernachten und abends im Restaurant die Köstlichkeiten der Region goutieren.
▪ Via Marconi 27
▪ Tel. 042 98 13 51
▪ www.hotelaldomoro.com

Shopping

Prosciutteria Duomo
Der Prosciutto Dolce von Montagnana zählt zu den vorzüglichsten Schinken Italiens. Hier kann man ihn verkosten oder als Mitbringsel erstehen.
▪ Piazza Vittorio Emanuele 50
▪ www.prosciutteriadimontagnana.it

Wurde 1585 feierlich eingeweiht: das Teatro Olimpico in Vicenza

Verona, Vicenza und das nördliche Veneto

Das Beste!

- Bei einem Opernabend in der Arena di Verona in den Melodien Verdis schwelgen › S. 89
- Baden vor römischen Ruinen an der Spiaggia Grotte di Catullo bei Sirmione am Gardasee › S. 94
- Weine verkosten unter gotischen Lauben in der Enoteca Al Drago in Soave › S. 95
- Auf den Spuren Palladios einen Architekturspaziergang durch Vicenza unternehmen › S. 96
- Von Asolo den Blick über zypressenbestandene Hügel, Villen und Weingärten schweifen lassen › S. 103

Operngenuss in der Arena di Verona, Baden und Wandern am Ostufer des Gardasees, Weinproben in Bardolino, Soave und Sant'Ambrogio di Valpolicella, architektonische Meisterwerke Andrea Palladios in und um Vicenza.

Im nördlichen Veneto gehen die südlichen Voralpen in die oberitalienische Ebene über. Im Massiv des Monte Baldo am Ostufer des Gardasees erreichen die Vorgebirge noch imposante Höhen um die 2000 m – ein Paradies für Wanderer und Mountainbiker. Am Gardasee lassen sich Aktivurlaub, Kulturgenuss und Schlemmen bestens kombinie-

ren; die Orte am Südzipfel des Sees eignen sich zudem als Ausgangspunkte für Verona-Besichtigungen. In der Ebene stehen dann Kultur und Genuss im Vordergrund: Verona ist der alles überstrahlende Stern. Nicht nur die Arena, die gesamte Altstadt mit Scaligerburg, den mittelalterlichen Plätzen, den Romeo- und-Julia-Pilgerorten und sehens-

Touren im Etschtal und am Gardasee

Tour 7

Wein und Kultur im Tal des Adige

Rovereto › Nogaredo › Castello di Sabbionara d'Avio › Valpolicella › Soave

Tour 8

Aufstieg zum Monte Baldo

Rifugio Novezzina (1235 m) › Cima di Valdritta (2218 m) › Punta Telegrafo (2200 m) › Rifugio Telegrafo (2147 m) › Rifugio Novezzina

werten Museen repräsentiert 2000 Jahre Geschichte und eine sympathische, lebhafte Gegenwart. In den kleineren Städtchen der Umgebung wie Soave, Bardolino und Sant´ Ambrogio di Valpolicella wird die Tradition des Weinbaus hochgehalten, während die Menschen im Polesine die besten Reissorten kultivieren – nehmen Sie sich Zeit für die Verkostung der lokalen Spezialitäten und mieten Sie sich wenigstens zwei Tage in einem Agriturismo ein, denn dort kommt man am intensivsten mit Land und Leuten in Berührung.

Zweiter kultureller Fixpunkt ist Vicenza: Stadt und Umgebung sind von den Villen geprägt, die Andrea Palladio für reiche Venezianer auf der *terra ferma* errichtete und deren klassische Proportionen Vorbild waren für viele Landgüter Venetiens. Bekannt ist die Region um Vicenza aber noch für etwas anderes: Hier, rund um Bassano del Grappa, wird der berühmte Trester gebrannt.

Die ebenfalls zum Veneto gehörenden, schroffen Felszacken der Dolomiti Bellunesi, die seit 1993 als Nationalpark unter Schutz stehen, sind ein herrliches Wandergebiet. Tipps dazu finden Sie zusammengefasst mit den Nachbargipfeln der Dolomiti Friulane im Kapitel »Triest, Friaul und die südöstlichen Dolomiten« › **S. 138**.

Touren in der Region

Wein und Kultur im Tal des Adige

Tour-Übersicht:

Verlauf: Rovereto › Nogaredo › Castello di Sabbionara d'Avio › Valpolicella › Soave

Dauer: 130 km; 1 Tag
Praktische Hinweise:

▪ Wenn Sie mit dem eigenen Fahrzeug unterwegs sind, was empfehlenswert ist, sollten Sie bei der Umfahrung von Verona den Berufsverkehr meiden. An Werktagen steht man dort zwischen 17 und 19 Uhr im Stau.

Tour-Start:

Startpunkt der Tagestour ist das romantische Städtchen ***Rovereto** › **S. 91**, hinter dem das Val Lagarina beginnt und das eigentlich schon zum Trentino gehört. Es ist das letzte Gletschertal, das der Adige passiert, bevor er die Voralpen verlässt. Viele Reisende kennen die Region nur aus der Perspektive der Autobahn, die sie möglichst schnell an die Adria bringen soll. Dabei lohnt es sich durchaus, dem Adige über die Landstraßen zu folgen. Auf die westliche Flussseite beispielsweise, wo auf Basaltböden die berühmteste Rebe des Trentino, der Marzemino, gedeiht. Bereits in Mozarts »Don Giovanni« wird der gute

Auf die Rebgärten des Etschtals blickt
das Castello d'Avio

dem Val Lagarina. Die weitläufige Anlage mit Bergfried, fünf Türme, Burgherrenpalast und Festungsmauern gehört seit dem 12. Jh. den Grafen von Castelbarco, welche sie nach dem Vorbild der Scaligerburgen zu einer repräsentativen Wohnresidenz umbauen ließen. Besonders eindrucksvoll sind die *Fresken aus dem 14. Jh. (März–Sept. Mi–So 10–18, Okt./Nov. 10–17 Uhr, www. fondoambiente.it).

Nun weichen die Berge, und Autobahn wie Landstraße wenden sich südostwärts Verona zu. Eine Abzweigung nach Osten führt in das reizvolle Weinstädtchen **Sant' Ambrogio di Valpolicella** › S. 90, bevor man ***Verona › S. 81 nördlich umfährt. Danach geht es weiter Richtung Osten bis **Soave** › S. 94 zu weiteren Weinproben in historischen Gemäuern.

Tropfen gepriesen. Hoch über **Nogaredo** liegt *Castel Noarna, Mittelpunkt eines Weinguts, das nach Voranmeldung Gruppen zur Besichtigung und Verkostung offensteht (Tel. 04 64 41 32 95, www. castelnoarna.com). In der Burg wurden einst Hexen gefoltert, enthauptet und verbrannt, die Hexenprozesse von Nogaredo im 17. und 18. Jh. waren berüchtigt. Über Nogaredo fahren Sie durch Rebengärten weiter zu dem hübschen Weinort **Isera**, wo Sie den Marzemino z. B. in der **Cantina d'Isera** (Via al Ponte 1, Tel. 04 64 43 37 95, www. cantinaisera.it, So geschl.) verkosten können. Malerisch liegt das *Castello di Sabbionara d'Avio** über

Tour 8

Aufstieg zum Monte Baldo

Tour-Übersicht:

Verlauf: Rifugio Novezzina (1235 m) › Cima di Valdritta (2218 m) › Punta Telegrafo (2200 m) › Rifugio Telegrafo (2147 m) › Rifugio Novezzina

Dauer: ca. 6 Std.
Praktische Hinweise:
■ Die anstrengende, aber panoramareiche Wanderung erfordert Kondition, Trittsicherheit und auf einigen Wegabschnitten durchaus auch Schwindelfreiheit.

■ Die Anfahrt erfolgt mit dem Auto von Garda zum Rifugio Novezzina. Die Berghütten sind unregelmäßig geöffnet, deshalb unbedingt eigene Verpflegung und vor allem ausreichend Getränke mitnehmen!

Tour-Start:

Wenn Sie sich das Massiv des Monte Baldo und dessen höchste Gipfel ohne Seilbahn erschließen möchten, starten Sie vom **Rifugio Novezzina** aus. Den Ausschilderungen in Richtung Punta Telegrafo folgend, wandert man auf steilem, zunächst durch Wiesen, später dann über Gestein führendem Pfad. In etwa zwei Stunden hat man knapp 900 Höhenmeter überwunden und biegt an der Abzweigung zum Punta Telegrafo in die entgegengesetzte Richtung nach rechts. Auf einem Grat wandert man nun etwa eine Stunde lang auf gleichbleibender Höhe nach Norden, vorbei an Punta Pettorina (2192 m) auf den höchsten Gipfel des Baldo, die **Cima di Valdritta** (2218 m) zu. An der Abzweigung beginnt die für Nicht-Schwindelfreie problematische Touretappe auf den Gipfel, der eine Viertelstunde später erreicht ist und mit herrlichem Gardasee-Panorama belohnt. Bis zur Abzweigung zur **Punta Telegrafo** geht es auf gleichem Weg zurück und dort nun auch auf diesen Gipfel, der mit 2200 m unwesentlich niedriger ist als die Cima. Für den Rückweg zum Rifugio Novezzina sollte man weitere 1,5 Std. einkalkulieren.

Die Perlen des Veneto

Tour-Übersicht:

Verlauf: Vicenza › **Lugo di Vicenza** › **Marostica** › **Bassano del Grappa** › **Cittadella** › **Castelfranco** › **Asolo** › **Palladio-Villen** › **Asolo**

Dauer: 100 km; 2 Tage
Praktische Hinweise:

■ Diese Tour sollten Sie mit dem Auto unternehmen, die Palladio-Villen erreicht man mit dem ÖPNV nur schwer.

■ Beachten Sie die Öffnungszeiten der Villen! Die Villa Godi-Malinverni bei Lugo di Vicenza ist nur Di nachmittags und an den Wochenenden geöffnet, die Villa Caldogno wiederum Fr nachmittags und Sa vormittags. Die Villa Emo öffnet werktags nur an Nachmittagen und So ganztägig ihre Pforten.

Tour-Start:

Die SP 46 verläuft von *****Vicenza** › S. 95 nach Norden in Richtung Thiene. Nach wenigen Kilometern können Sie in Caldogno Palladios *****Villa Caldogno** (1542–1567) mit Fresken von Gian Battista Zelotti besichtigen (März–Okt. Fr 15–18, Sa 9–12 Uhr, www.comune.caldogno. vi.it). Über Thiene erreicht man Zugliano und schließlich ****Lugo di Vicenza** › S. 102, in dessen Umgebung zwei unbekanntere Palladio-Villen (Godi und Piovene) stehen. Danach geht es weiter Richtung Osten nach ***Marostica** (12 000 Einw.).

Dessen Altstadtkern am Fuß eines burgbekrönten Hügels liegt zwischen Wehrmauern des 14. Jhs., die sich bis zum Castello Superiore hinaufziehen. Auf dem weiten Geviert der Piazza vor dem Castello Inferiore findet alle zwei Jahre im September (nächster Termin 2014) die große Schachpartie mit lebenden Figuren in historischen Kostümen statt. Sie erinnert an die Sage von der schönen Lionora, um die sich zwei junge Herren duellieren wollten. Ihr weiser Vater überzeugte die beiden jedoch, ihren Wettbewerb auf unblutige Weise am Schachbrett auszutragen. Dem Sieger wurde Lionora zugesprochen, dem Verlierer ihre Schwester. Zum Mittagessen genießen Sie bei herrlichem Panoramablick die fantasievollen Menüs des Restaurants **Al Castello Superiore** ●● (Via Cansignorio della Scala 4/A, Tel. 0 42 47 33 15, www. castellosuperiore.it).

Nächstes Etappenziel ist ****Bassano del Grappa** › S. 105, wo zumindest die Beifahrer den edlen Tresterschnaps verkosten sollten, bevor Sie weiterfahren und in ***Castelfranco** Quartier beziehen (Übernachtungstipp: **Hotel Alla Torre** ●●, Piazzetta

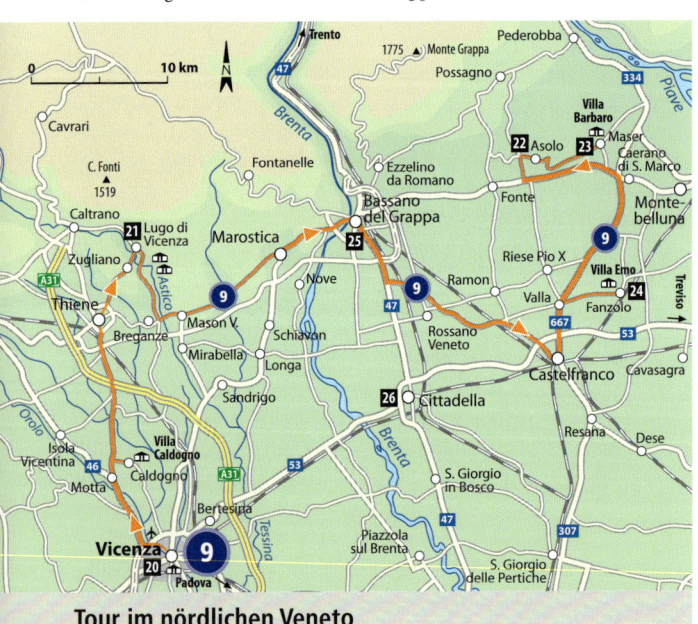

Tour im nördlichen Veneto

Tour 9

Die Perlen des Veneto

Vicenza › Lugo di Vicenza › Marostica › Bassano del Grappa › Cittadella › Castelfranco › Asolo › Palladio-Villen › Asolo

Trento Trieste 7, Tel. 04 23 49 87 07, www.hotelallatorre.it). Mächtige Mauern umgeben das schmucke mittelalterliche Städtchen. Die weiten, von Arkadenhäusern gerahmten Flächen vor dem Stadtgraben dienten seit alters her als Markt für die Agrarprodukte der Region. Die Loggia Paveion an der Piazza Giorgione war früher der Stapelplatz für die Kornhändler. Auf einer Felsinsel im Wassergraben steht das Denkmal für den berühmten Sohn der Stadt, Giorgione (um 1478–1510), Begründer der venezianischen Malerei der Hochrenaissance. Eines der wenigen gesicherten Werke des Künstlers bewahrt der klassizistische *Dom (18. Jh.): die *Pala di Castelfranco, eine thronende Ma-

donna mit den Heiligen Franziskus und Liberale. Neben dem Dom steht das Geburtshaus des Meisters, die *Casa di Giorgione (Mai–Sept. Di–Sa 10–13, 15.30–18.30, So 10–13, 15–19, Okt.–April Di–Sa 9.30–12.30, 15–18, So 10–13, 14–18 Uhr, www.museocasagiorgione.it). Feinste, regionale Küche serviert anschließend das Landgasthaus Pironetomosca ●● (Via Priuli 17/C, Treville, Tel. 04 23 47 27 51).

Auf der Weiterfahrt nach Norden lohnen Abstecher zur ***Villa Emo bei Fanzolo › S. 104, ebenso ein Muss für Palladio-Fans wie die ***Villa Barbaro in Maser bei **Asolo › S. 104, dem Endpunkt der Tour. Beide Villen sind Meisterwerke des Renaissancearchitekten.

Unterwegs in der Region

 ### ***Verona **1**

Die 265 000 Einwohner zählende, eindrucksvolle Stadt besitzt viele Attraktionen. Opernliebhaber wallfahren zu den berühmten Sommerfestspielen in der römischen Arena, romantische Gemüter zu den Weihestätten der tragischen Liebesgeschichte von Romeo und Julia, Kunstliebhaber zu den großartigen Kirchen des Mittelalters. Getränkt von Geschichte, erfüllt von lebendiger Gegenwart, bietet die Stadt ihren Besuchern eine malerische historische Kulisse unter südlichem Himmel, schöne Geschäfte und eine hervorragende Küche.

Von Rom selbst einmal abgesehen, sind in keiner anderen italienischen Stadt so viele Spuren der Römerzeit erhalten, neben der Arena etwa der Arco dei Gavi oder die Stadttore Porta dei Borsari und Porta dei Leoni. Das antike Wegenetz bestimmt noch heute den Straßenverlauf der Altstadt. Veronas einstige strategische Bedeutung – es lag an der Kreuzung großer Fernstraßen – bezeugen die Reste dreier Festungsringe aus römischer, venezianischer und österreichischer Zeit.

Wer heute per Pkw anreist, findet u. a. an der Piazza Cittadella (nahe Piazza Brà) und Via M. Bentigodi (Corso Porta Nuova) Parkgaragen.

Geschichte

Nach dem Untergang Roms residierten Ostgoten, Langobarden und Karolinger in den verfallenden römischen Mauern. Im 11. Jh. wurde Verona Stützpunkt deutscher Kaiser. Das 12. Jh. brachte die Stadtfreiheit (1136). Von 1262 bis 1387 währte die Ritterherrschaft der Scaliger. Wie alle Tyrannen des Mittelalters schmückten sie sich mit Geist und Kunst. Dante, aus dem heimatlichen Florenz verbannt, fand bei Cangrande I. della Scala Exil. 1405 unterwarf sich Verona freiwillig der venezianischen Republik. Nach dem Ende der Dogenrepublik wurde es im 19. Jh. Teil des habsburgischen Oberitalien, bis die Stadt 1866 Italien angegliedert wurde. Das Industriezeitalter hielt mit Verspätung nach dem Ersten Weltkrieg Einzug. Nach dem Zweiten Weltkrieg kam mit der rasanten Entwicklung zum Industrie- und Handelszentrum auch die Zersiedlung des Umlands. Seit 2000 zählt Veronas Altstadt zum UNESCO-Weltkulturerbe.

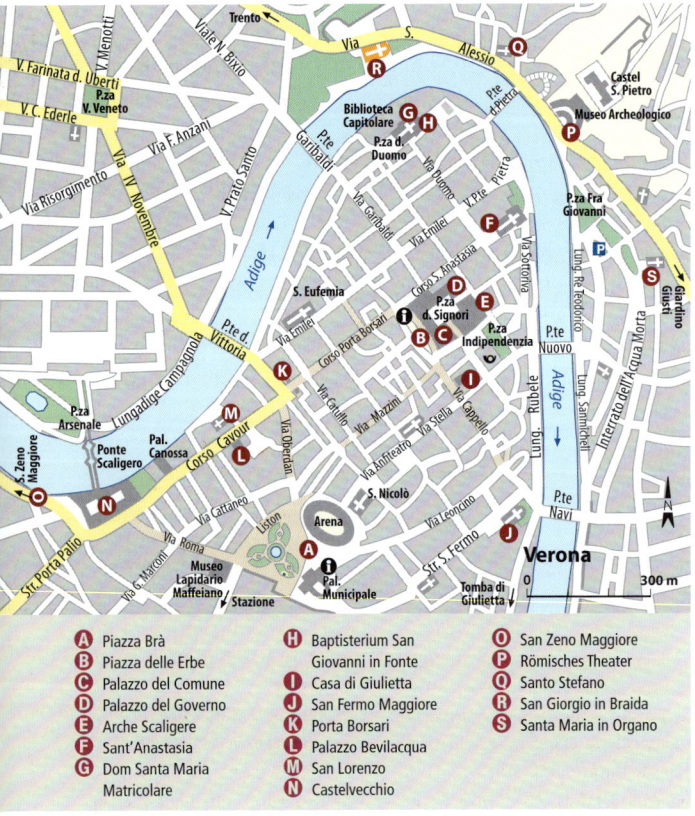

Ⓐ Piazza Brà
Ⓑ Piazza delle Erbe
Ⓒ Palazzo del Comune
Ⓓ Palazzo del Governo
Ⓔ Arche Scaligere
Ⓕ Sant'Anastasia
Ⓖ Dom Santa Maria Matricolare

Ⓗ Baptisterium San Giovanni in Fonte
Ⓘ Casa di Giulietta
Ⓙ San Fermo Maggiore
Ⓚ Porta Borsari
Ⓛ Palazzo Bevilacqua
Ⓜ San Lorenzo
Ⓝ Castelvecchio

Ⓞ San Zeno Maggiore
Ⓟ Römisches Theater
Ⓠ Santo Stefano
Ⓡ San Giorgio in Braida
Ⓢ Santa Maria in Organo

Die Piazza Brà an der berühmten Arena lädt zur Verschnaufpause ein

Um die *Piazza Brà Ⓐ

Der weiträumige Platz ist das großartige Foyer des alten Verona, begrenzt von der römischen ***Arena, monumentalen Säulenfassaden und dem Liston, der breiten Promenade des 18. Jhs., wo sich unter den Arkaden die Stühle der Kaffeehäuser aneinanderreihen. Besonders beliebte Treffpunkte der Veroneser sind übrigens das **Caffè Liston** und das **Caffè Baglioni.**

Das im 1. Jh. erbaute Amphitheater bot und bietet über 20 000 Zuschauern Platz und war mit 152 m Länge und 123 m Breite die drittgrößte Arena im römischen Reich. In der Antike ergötzte man sich an Gladiatorenspielen und Tierhetzen; im frühen Mittelalter bauten die Bischöfe das Amphitheater zur Burgfestung um. Unter den Scaligern wurde die Arena Schau-

platz für Turniere und andere farbenprächtige Ritterspiele. Im 19. Jh. gab es erstmals große Konzerte; die Aufführung von Verdis »Aida« zur Feier des 100. Geburtstags des Komponisten 1913 war der Auftakt zu den berühmten sommerlichen Opernfestspielen (Mo 13.30–19.30, Di–So 8.30–19.30 Uhr).

Rund um die ***Piazza delle Erbe Ⓑ

Die **Via Mazzini,** eine der ältesten Fußgängerstraßen Italiens, ist ein einziges Schaufenster und die allzeit belebte Hauptverbindung ins Zentrum der Altstadt, zur Piazza delle Erbe. Das Marktzentrum erstreckt sich auf dem Platz des römischen Forums. Das städtische Wahrzeichen, die **Madonna di Verona** in der Platzmitte, eine antike Statue, die im 14. Jh. einen neuen Kopf erhielt,

Die Altstadt von Verona schmiegt sich in eine Schleife der Etsch

steht über einer Brunnenschale aus den römischen Thermen. Gesäumt ist die Piazza von den **Case dei Mazzanti** mit bunten Fresken (1530), schmalbrüstigen Turmhäusern an der Ecke zur Via Mazzini, der romanischen Loggia der **Casa dei Mercanti** (im 19. Jh. erneuert) und am Kopfende vom barocken **Palazzo Maffei** (1680).

Ein hoher Bogen (Arco della Costa) verbindet Herz und Haupt der Stadt, Volksplatz und Staatsplatz. Die auf allen Seiten von Bögen hofartig umschlossene ****Piazza dei Signori** ist die großartige städtebauliche Artikulation der Regierungsmacht.

Das älteste Gebäude, der **Palazzo del Comune** ©, stammt aus der Zeit der Stadtfreiheit (Ende des 12. Jhs.); sein ***Innenhof** zeigt noch den Originalzustand. Auf die 83 m hohe ***Torre dei Lamberti** mit grandiosem

Blick über Verona kann man hinauffahren (Juni–Sept. tgl. 8.30–20.30, Fr bis 23, Okt.–Mai 8.30–19.30 Uhr). Die schöne Außentreppe des Hofs stammt von 1450. Der Palast daneben war der Sitz des venezianischen Statthalters. Ein Bogen über die Via S. Maria Antica verbindet ihn mit dem **Palazzo del Governo** (heute Präfektur) ©, einem mächtigen Backsteinbau mit Ghibellinenzinnen. Die Scaligerresidenz wurde kurz nach 1300 errichtet und beherbergte berühmte Gäste wie Dante und Giotto.

Ein Schmuckstück aus der Frührenaissance ist die ***Loggia del Consiglio** (1490), perfekt harmonisch in den Proportionen und zart dekoriert mit fein zisieliertem Ornament. Würde und Eleganz atmet auch das **Antico Caffè Dante,** das älteste am Platz (www.caffedante.it).

An die Piazza dei Signori schließt sich der Familienfriedhof der Scaliger mit den **Arche Scaligere** ⓔ an. Vor der kleinen romanischen Kirche *Santa Maria Antica bauen sich die ungewöhnlichsten Grabdenkmäler auf: steinerne Sarkophage unter riesigen gotischen Tabernakeln, auf deren hohen Spitzen Reiterstatuen der Verstorbenen balancieren. Ein schmiedeeisernes Gitter, in dem sich das Wappensymbol der Scaliger, die Leiter (ital. *scala*), vielfach wiederholt, umgibt den Bezirk. Das Original der Reiterstatue Cangrandes I. (gest. 1329) kann man im Museum des Castelvecchio genauer betrachten. In der Via Arche Scaligere befindet sich die angebliche **Casa di Romeo** (Nr. 2–4). Die Volksfantasie hat Shakespeares unsterbliche Geschichte von der tragischen Liebe zwischen Romeo und Julia mit außerordentlich suggestiven »Original«-Schauplätzen unterlegt. Als **Casa di Giulietta** › **S. 86** wurde Reisenden bereits im 19. Jh. der romantische mittelalterliche Palazzetto samt »Julia-Balkon« in der Via Cappello gezeigt. Besonders anrührend jedoch ist der Ort, den man für das Grab der Julia **(Tomba di Giulietta)** fand, das kleine, abgelegene Kapuzinerkloster San Francesco in der Via Pontiere im Südosten der Stadt.

**Sant'Anastasia ⓕ

Die majestätische gotische Backsteinkirche Sant'Anastasia (15. Jh.) schmückt ein prächtiges Portal aus polychromem Marmor (14. Jh.). Den reich ausgestatteten, gotischen *Innenraum mit den buckligen Weihwasserträgern, den *due gobbi* (16. Jh.), säumen sehenswerte *Chorkapellen. Schöne *Fresken (um 1390) von Altichiero Altichieri befinden sich in der Cappella Cavalli ganz rechts. Auf dem Querhausaltar daneben ist eine *Sacra Conversazione aus der Frührenaissance zu bewundern. Das *Grabmonument (1424–1429) in der Hauptkapelle zeigt die Reiterstatue des Condottiere Cortesia Serego, die der Donatello-Mitarbeiter Nanni di Bartolo schuf. In der nächsten Kapelle lauscht eine Renaissancegesellschaft aus der Zeit um 1500 einer *Predigt Jesu vor einer Gardaseelandschaft. Das kostbarste Fresko wurde von der Wand gelöst und ist in einem Nebenraum zu besichtigen (Eingang im linken Querhausarm). Das um 1435 entstandene Meisterwerk Pisanellos zeigt den *hl. Georg als blondgelockten jungen Ritter mit der Prinzessin, für die er den Drachen töten wird (Mo–Sa 10–18, So 13–18, Nov.–Febr. bis 17 Uhr).

Piazza Duomo

Die Via Duomo mit schönen Palästen des 15. und 16. Jhs. führt direkt auf den Domplatz. Der **Dom Santa Maria Matricolare ⓖ wurde nach dem Erdbeben von 1117 in einer Schleife der Etsch neu errichtet und im 15. Jh. aufgestockt. Imposant staffeln sich die Giebel der Westfassade über dem Haupteingang. Die großartige romanische *Portalplastik (1139) hat der berühmte Meister Nicolò signiert, der auch die Portalzone von San Zeno Maggiore › **S. 87** gestaltete. Der dreischiffige Innenraum, in dem mächtige Bündelpfeiler aus rotem Veroneser Marmor die gotischen Gewölbe stützen, beeindruckt durch seine Höhe. Aus dem Chorraum leuchten die gesäuberten Fresken von 1534 wie neu. In der ersten Kapelle links ist eine *Himmelfahrt Mariens (Assunta) von Tizian zu bewundern. Mit dem knieenden Apostel rechts soll Tizian Sanmicheli porträtiert haben, den großen Veroneser Renaissancearchitekten (März–Okt. Mo–Sa 10–17.30, So 13.30–17.30, Nov.–Febr. nur bis 16 Uhr, www.cattedralediverona.it).

Mit dem Dom sind weitere sehenswerte Bauten verbunden: das *Baptisterium San Giovanni in Fonte ❶ mit außergewöhnlich schönen Reliefs von 1200 am Taufbecken, der romanische **Kreuzgang** und die

Von Cangrande II. della Scala als Fluchtbrücke errichtet: der Ponte Scaligero

noch ältere Kirche **Sant'Elena.** Lohnend ist unter Umständen das Sammelticket für die Besichtigung von Dom, Sant'Anastasia, San Zeno Maggiore und San Fermo, das für 6 € in den Kirchen erhältlich ist. In der Verona Card ist der Eintritt ebenfalls enthalten (15 €/2 Tage).

Auf der Römerachse

Die Hauptstraßen der Römerstadt kreuzten sich rechtwinklig am Forum (Piazza delle Erbe). Die von der Piazza delle Erbe abgehende **Via Cappello** liegt über dem antiken *Cardo maximus*. Ein Teil des römischen Stadttors, ***Porta dei Leoni,** ist auf der linken Seite sichtbar. Zur gotischen **Casa di Giulietta** ❶ pilgern Julia-Verehrer in Strömen, um sich Julias Sehnen auf dem 1935 nachträglich angebauten Balkon auszumalen und Zettelchen mit Bitten um Erfüllung des Liebesglücks zu hinterlassen (Di–So 8.30–19.30, Mo 13.30–19.30 Uhr).

Vor den Mauern der Römerstadt wurde über den Grabkapellen frühchristlicher Märtyrer im 8. Jh. das Benediktinerkloster ****San Fermo Maggiore** ❶ mit zwei übereinanderliegenden Gotteshäusern gegründet. Die saalartige Oberkirche (14. Jh.) mit einer besonders schönen ***Holzdecke** aus dem Jahr 1314 enthält viele Fresken (u. a. eine ***Verkündigung von Pisanello** an der linken Seitenwand), Grabmäler und eine prächtige Kanzel von 1496. In der höhlenartigen romanischen ***Unterkirche** zieren die Pfeiler Fresken aus dem 13./14. Jh. (Mo–Sa 10–18, So 13–18, Nov.–Febr. nur bis 17 Uhr).

Hinter der Piazza delle Erbe führt auf dem ehemaligen *Decumanus maximus* der Corso Porta Borsari entlang. An der römischen *Porta Borsari* , deren Außenfront mit übergiebelten Torbögen und Fenstern seit nahezu 2000 Jahren die Straße überbrückt, mündete die Via Postumia, die quer durch Oberitalien von Genua bis nach Aquileia führte. Im sympathischen **Caffè Tubino** werden 120 verschiedene Kaffeesorten angeboten (Corso Porta Borsari 15).

Erst- klassig

Am Corso Cavour steht auf Nr. 19 Sanmichelis **Palazzo Bevilacqua** von 1534, dessen spiralig kannellierte Säulen deutlich von der Porta Borsari inspiriert sind. Gegenüber liegt der Eingang zu einem faszinierenden Kirchenraum der Romanik (11./12. Jh.). Das heute schmucklose dreischiffige Innere von **San Lorenzo** zeigt das unverputzte Schichtmauerwerk aus gelblichem und rotem Stein und ist ausgesprochen schmal und hoch.

Vorbei am Palazzo Canossa von Sanmicheli (Nr. 44) und dem römischen **Arco dei Gavi,** dem ursprünglich aus dem 1. Jh. stammenden Triumphbogen, erreicht man das **Castelvecchio**. Cangrande II. della Scala ließ 1354–1356 aus Furcht vor Unruhen die mit der wehrhaften Fluchtbrücke **Ponte Scaligero** über die Adige gesicherte Burg errichten. Nach einem Umbau von Carlo Scarpa beherbergt sie das **Civico Museo dell'Arte** mit einer Sammlung Veroneser und venezianischer Malerei (Di–So 8.30–19.30, Mo 13.30–19.30 Uhr).

Bronzereliefs am Portal von San Zeno

***San Zeno Maggiore

Abseits des Altstadtkerns liegt die großartige romanische Basilika San Zeno Maggiore, jahrhundertelang das eigentliche geistliche Zentrum des bürgerlichen Verona, deren Bau (1118–1135) mit dem Aufstieg zur freien Stadtkommune verknüpft war. Der hohe **Campanile** ist der älteste des mittelalterlichen Verona.

Die herrliche **Portalanlage** schuf der romanische Bildhauer Niccolò, von dessen Hand auch die Fassadenreliefs der Dome von Verona › **S. 85** und Ferrara stammen. Im Giebelfeld überreicht der hl. Zeno das Banner der Stadtkommune an die Bürger von Verona. Seine Wundertaten schildert der Fries darunter. Stark ist die Ausdruckskraft der 24 Bronzetafeln des Portals mit Szenen aus dem Alten und Neuen Testament sowie dem Leben des Kirchenpatrons (1100–1200).

Vom erhöhten Eingang blickt man tief in einen weiten, hohen *Innenraum von strenger Einfachheit. Die hölzerne Schiffskieldecke wurde 1384 vollendet. Der über der *Krypta erhöhte Chor enthält als Hauptaltar das berühmte **Triptychon (1459) von Andrea Mantegna mit einer von Engeln flankierten Madonna und Heiligen. In der Krypta steht der Sarkophag des hl. Zeno. Sehenswert ist auch der *Kreuzgang des 14. Jhs., der einzige noch erhaltene Teil des Klosters, das 1810 auf Abbruch verkauft wurde (März–Okt. Mo–Sa 8.30–18, So 12.30–18, Nov.–Febr. Mo–Sa 10–13, 13.30–17, So 12.30–17 Uhr, www.basilicasanzeno.it).

Jenseits des Adige

Über den Ponte della Pietra im Norden Veronas wechselt man auf die andere Flussseite. Der Hügel **San Pietro** ist der älteste Siedlungskern der Stadt. Zur Römerzeit erhob sich an der Stelle der Festung ein römischer Tempel.

In Panoramalage ist darunter das *Römische Theater **P** (1. Jh.) in den Hang gebettet (Museo Archeologico, Di–So 8.30–19.30, Mo 13.30 bis 19.30 Uhr). Zwei interessante Kirchenbauten stehen flussaufwärts: *Santo Stefano **Q**, die erste Kathedrale Veronas, eine Gründung des 5. Jhs., mit frühchristlichen und mittelalterlichen Relikten und einer Krypta des 10. Jhs., sowie *San Giorgio in Braida **R**, ein Bau der Frührenaissance (ab 1477) mit einer weithin sichtbaren Kuppel von Sanmicheli und einem Gemälde von Paolo Veronese am Hochaltar. Flussabwärts liegt *Santa Maria in Organo **S** mit einer Fassade von Sanmicheli, Fresken und Chorgestühl der Renaissance und einer vorromanischen *Krypta. Der *Giardino Giusti, die im 16. Jh. angelegte prächtige Gartenanlage des gleichnamigen Palazzo, die schon Goethe besuchte, ist eine schattige Oase der Ruhe (April–Sept. tgl. 9–20, Okt.–März 9–19 Uhr).

Info

IAT
- 37121 Verona
- Via degli Alpini 9 (Piazza Brà)
- Tel. 04 58 06 86 80
- www.tourism.verona.it

Hotels

Giulietta e Romeo ●●—●●●
30 behagliche Zimmer in einem modernisierten Palazzo im Herzen der Altstadt, nahe der Arena.
- Via Tre Marchetti 3
- Tel. 04 58 00 35 54
- www.giuliettaeromeo.com

Erst-klassig

Begehrte Mitbringsel

- **Murano-Glaskunst** vom Feinsten, aber auch Mosaiken verkauft Alice in Wonderland in Venedig › S. 58.
- Ein Königreich der **Handschuhe** ist Fulmine in Verona › S. 89.
- **Olio & Olive** in Vicenza verkauft italienische Olivenöle und eine breite Palette von Ölprodukten › S. 102.
- **Prosciutto**, noch besser als jener aus San Daniele, gibt es bei Alimentari Tomadin in Cormons › S. 126.

Best Western De Capuleti ●●

42 ruhige, modern ausgestattete Zimmer
gegenüber dem »Grab der Julia«.
- ▌ Via del Pontiere 26
- ▌ Tel. 04 58 00 01 54
- ▌ www.hotelcapuletiverona.it

Torcolo ●●

Freundliches kleines Hotel mit nur
19 Zimmern, für seine zentrale Lage
erstaunlich preiswert.
- ▌ Vicolo Listone 3
- ▌ Tel. 04 58 00 75 12
- ▌ www.hoteltorcolo.it

Restaurants

Il Desco ●●●

In einem Palast des 15. Jhs. wird raffiniert
variierte regionale Küche serviert.
- ▌ Via Dietro S. Sebastiano 7
- ▌ Tel. 045 59 53 58
- ▌ www.ildesco.com

Bottega del Vino ●●

Zum hervorragenden Wein gibt's köstliche *cichetti.* Di geschl.
- ▌ Via Scudo di Francia 3
- ▌ Tel. 04 58 00 45 35
- ▌ www.bottegavini.de

Alcova del Frate ●–●●

**Erst-!
klassig** Regionale Küche in einer urigen Osteria;
die Preise sind günstig.
- ▌ Via Ponte Pietra 19
- ▌ Tel. 04 58 00 06 53
- ▌ www.alcovadelfrate.it

Carro armato ●

Hier kann man sich bei einem *goto de
vin,* einem Zehntel Wein, und kleinen
Häppchen, *cichetti,* unters Volk mischen.
- ▌ Vicolo Gatto 2/A
- ▌ Tel. 04 58 03 01 75

Opernfestspiele von Verona: Verdis »Aida«
ist immer ein Besuchermagnet

Shopping

Salumeria Albertini

Einer der besten Feinkostläden Veronas.
- ▌ Corso Sant'Anastasia 41
- ▌ www.salumeriaalbertini.it

Antiquitätenmarkt

An jedem 3. Sonntag im Monat auf der
Piazza San Zeno.

Fulmine

Lederhandschuhe aus eigener Fertigung
in allen Formen und Farben.
- ▌ Via Catullo Valerio 3/A

Aktivitäten

Opernfestspiele in der Arena

Die Festspiele finden alljährlich von
Mittel Juni bis Anfang September statt.
Randplätze kosten ab 25 €, die besten
Plätze im Parkett bis ca. 200 €.
- ▌ Arena di Verona Foundation
- ▌ Via Dietro Anfiteatro 6/B
- ▌ Tel. 04 58 00 51 51
- ▌ www.arena.it

Mit dem Rad durch Verona

Über **Bike Verona** kann man an zahlreichen Stationen im ganzen Stadtgebiet nach einmaliger Registrierung (telefonisch oder online) Fahrräder ausleihen.

■ Service-Tel. 800 89 69 48

■ www.bikeverona.it

Ausflüge von **Verona**

*Valeggio sul Mincio [2]

Rund 30 km südwestlich von Verona wurden in dem 10 000-Einwohner-Städtchen Valeggio sul Mincio angeblich die Tortellini erfunden, was Mitte Juni Anlass gibt zu einem **Erst-klassig** Riesen-Tortellini-Gelage auf der Scaligerbrücke mit mehreren tausend Teilnehmern. Wer kein Ticket mehr bekommt, schaut zu, auch das ist ein Event. Der Ponte Rotto, die Festungsmauern und das mächtige Kastell stammen aus dem 13./14. Jh. Feinschmecker kehren gerne in der **Antica Locanda Mincio** ●●● ein. Hier wird die hohe Kunst der Zubereitung gefüllter Tortellini zelebriert, und das in idyllischer Lage direkt am Fluss (Via Buonarroti 12, Loc. Borghetto, Tel. 04 57 95 00 59, www.anticalocandamincio.it).

*La Bassa Veronese

Eine Landschaft von eigenwilligem Reiz, flach, von Flüsschen durchzogen, gesprenkelt mit Kleinstädten und den Überresten der Verteidigungslinie, die die Scaliger südlich von Verona hier im Grenzgebiet zu Venedig errichtet haben. Ein idealer Ort für Radtouren, etwa rund um **Isola della Scala [3]**, dem Zentrum des Reisanbaus (hier wächst der

beste Risotto-Reis Italiens): zu dem 1742 im Stil Palladios erbauten **Corte Vò [4]** (Via Pindemonte 6) oder dem 3 km nordöstlich gelegenen **Corte Boschi [5]** von 1747, auf dessen Ländereien noch eine 1612 hier aufgebaute Reisschälanlage erhalten ist (unregelmäßig geöffnet). Wunderbar übernachten können Sie, sofern Sie nicht wieder nach Verona zurückkehren möchten, im **Agriturismo L'Orto Amico** ●–●●, wo an den Wochenenden herzhaft aufgekocht wird (Via Ca' Magre 69, Isola della Scala, Tel. 04 56 63 06 92, www.camagrecoop.net).

Valpolicella

Von **Sant'Ambrogio di Valpolicella [6]** an den Ausläufern der Lessinischen Berge kommen zwei berühmte Rotweine: der Rosso di Verona und der starke, süße Recioto-Wein. Hier beginnt das berühmte Weinanbaugebiet **Valpolicella**, dessen Zentren in den Tälern um Fumane, Negrar und Marano sowie Gargagnago liegen. Einen kurzen Abstecher lohnt **San Giorgio di Valpolicella [7]** mit der gleichnamigen romanischen *Pfarrkirche und einem Fernblick bis zum Gardasee.

Hotel

Antica Corte al Mulino ●●

Historisches Herrenhaus mit angeschlossener Mühle und Weingut. Die hervorragende Küche basiert auf Biofleisch und Gemüse aus dem eigenen Garten.

■ 37024 Sanperetto di Negrar

■ Via Crosetta 8

■ Tel. 04 57 50 20 72

■ www.anticacortealmolino.com

Restaurant

Ristorante Al Covolo ●●

Gute regionale Küche in den ehemaligen Stallungen eines Gutshofs.

- 37010 Sant'Ambrogio
- Piazza Vittorio Emanuele 2
- Tel. 04 57 73 23 50

Shopping

Corte Aleardi

Die Weine dieses Gutes zählen zu den besten des Valpolicella.

- Via Giare 3
- Tel. 04 57 70 13 79
- www.cortealeardi.com

*Rovereto 🎱

Die am Beginn des Val Lagarina gelegene Handels- und Industriestadt (37 500 Einw.) besitzt einen idyllischen Altstadtkern. Mit Fresken geschmückte Fassaden künden vom einstigen Wohlstand der Stadt. Im 16. Jh. entstanden mit den Seidenspinnereien erste Manufakturen, von denen das ganze Tal lebte. Unter den Habsburgern erlebte Rovereto im 18. Jh. seine Blütezeit; 1769 gab der junge Mozart hier sein erstes Konzert in Italien.

Rovereto ist ein beliebtes Ausflugsziel vom nördlichen Gardasee aus. Zentrum der hübschen Altstadt ist die malerische **Piazza Battisti** mit dem barocken Neptunbrunnen. Die Via Rialto führt zum Turm von **San Marco** (1483) und zur gleichnamigen barock umgestalteten Kirche. Wuchtig überragt die gewaltige Anlage des **Castello** (um 1300) die Altstadt, untergebracht ist hier ein bedeutendes Kriegsmuseum, das

Futuristisch: das MART in Rovereto

Museo Storico Italiano della Guerra (Di–So 10–18, Juli–Sept. Di–Fr 10–18, Sa, So 10–19 Uhr, www.museodellaguerra.it). Das **Rathaus** duckt sich in einem Palast des 15./16. Jhs. unterhalb der Burg. Dahinter fließt das Flüsschen Leno, an dem sich jenseits der Brücke ehemalige Seidenspinnereien reihen, die einst von Wassermühlen betrieben wurden.

Der Tessiner Mario Botta bereicherte die Architektur Roveretos um einen futuristischen Museumsbau, der eine der größten Sammlungen von Kunst des 20. Jhs. in Italien präsentiert, das ****MART**. Unter der gläsernen Kuppel finden auch Kulturveranstaltungen statt (Corso Bettini 43, Di–So 10–18, Fr bis 21 Uhr, www.mart.trento.it, 11 €).

Erst-klassig

Info

APT
- Piazza Rosmini 16
- 38068 Rovereto
- Tel. 04 64 43 03 63
- www.visitrovereto.it

Hotel

Rovereto ●●
Stilvolles Boutiquehotel in einem Palazzo des 19. Jhs. mit ausgezeichnetem Restaurant.
- Corso Rosmini 82/D
- Tel. 04 64 43 52 22
- http://hotelrovereto.it

Restaurants

Al Trivio ●●
Raffinierte Küche im Herzen der Altstadt.
- Campiello del Trivio 11
- Tel. 04 64 43 64 14
- www.altrivio.it

Stappomatto ●●
Gemütliche Enoteca. Zu den erlesenen Weinen gibt es köstliche Kleinigkeiten zu essen.
- Corso Bettini 56/A
- Tel. 04 64 43 25 51

Das Ostufer des **Gardasees

Nur das östliche Ufer von Italiens größtem See (370 km²) gehört zur Region Veneto. Die kurvenreiche Fahrt entlang der Uferstraße, der Gardesana Orientale, lohnt wegen der schönen Ausblicke auf grandiose Natur und hübsche, von Scaligerburgen überragte Städtchen.

Von Riva bis Garda

Riva del Gardas 9 Ortszentrum prägen Bauten des 13./14. Jhs. wie der 34 m hohe Torre Apponale am Hafen, der Palazzo Pretorio und die Casa del Comune. Die im 12. Jh. errichtete und von Scaligern wie den Trientiner Bischöfen umgebaute Wasserfestung **Rocca** beherrscht das Ufer östlich des Hafens. Sehenswert ist auch die von außen schlichte, innen aber umso üppigere Barockkirche **Chiesa dell'Inviolata.**

Dass **Torbole 10**, 4 km östlich, ein Mekka der Windsurfer ist, werden Sie auf den ersten Blick an den bunten Segeln erkennen, die dank der günstigen Winde pfeilschnell übers Wasser jagen. Unterkünfte gibt's hier für jeden Geldbeutel, und nach dem Vergnügen trifft sich die Szene an den Wochenenden in der **Beach Bar Conca d'Oro** am Jachthafen (Lungolago Verona, Nago).

Einige Tunnel und 15 km weiter liegt am Hang des Monte-Baldo-Massivs **Malcesine 11**, bewacht von seinem Scaligerkastell (13./14. Jh.), in dem ein Museum einerseits über Goethes Aufenthalt am Gardasee und andererseits über die Naturlandschaft des Monte Baldo und des Gardasees informiert (April–Okt. tgl. 9.30–18.30 Uhr). Kleine kopfsteingepflasterte Gassen führen durch den pittoresken Ort, von dem aus eine Seilbahn auf die 1720 m hohe Spitze Tratto Spino des Monte Baldo fährt. Zu bestimmten Zeiten werden auch Mountainbikes transportiert (April–Mitte Sept. tgl. 8–19, bis Mitte Okt. 8–18, bis Ende Okt. 8–17 Uhr, www.funiviedelbaldo.it).

Am Fuß des Monte Baldo erstreckt sich das pittoreske Malcesine

Um das 22 km weiter südlich gelegene ***Torri del Benaco** 12 wird die Landschaft offener; der hübsche Ort steht im Schatten einer weiteren trutzigen *Scaligerburg (14. Jh.), in deren Räumen heute ein Museum die Geschichte des Olivenanbaus und des Fischfangs dokumentiert (Mitte Juni–Mitte Sept. tgl. 9.30–13, 16.30–19.30, April–Mitte Juni und Mitte Sept.–Okt. 9.30–12.30, 14.30 bis 18 Uhr). Einen idyllischen und zugleich exklusiven Badeplatz finden Sie 4 km weiter im **Parco Baia delle Sirene** 13 rund um eine um 1500 von Michele Sanmicheli erbaute Villa, heute Luxushotel (www. parcobaiadellesirene.it).

Rund 3 km hinter ***Garda** 14 verlassen Sie endgültig die Gebirgsregion; das Umland des Sees ist nun eben und stark zersiedelt; hier im Südosten liegen auch die großen Vergnügungsparks wie Gardaland. Garda selbst hat trotz Touristenansturm sein hübsches Ortszentrum mit zwei von Sanmicheli erbauten Palazzi bewahren können.

Erst-klassig

Von Garda bis Sirmione

Knapp 4 km sind es ins Weinstädtchen ***Bardolino** 15, das nicht nur ein hübsches Ortsbild, sondern auch ein Wein- (Cantina Zeni, März–Okt. tgl. 9–13, 14.30–19 Uhr, www.museodelvino.it) und ein Olivenmuseum (Via Peschiera 54, werktags 9–12.30, 14.30–19 Uhr, www.museum.it) bietet. **Lazise** 16, 6 km südlich, reiht sich ein in die Orte mit Scaligerburg und verströmt rund um das Hafenbecken eine beschauliche Atmosphäre.

Auch **Peschiera del Garda** 17, am Abfluss des Mincio aus dem See gelegen, wurde stark befestigt – hier errichteten die Serenissima wie Habsburg Mauern zur Sicherung der Schifffahrtswege, die über den Mincio bis zur Adria führten. Der 8 km lange Uferabschnitt zwischen den beiden Orten ist von Campingplätzen gesäumt.

Nach Nordwesten fahrend ist 17 km weiter ****Sirmione** 18 auf seiner schmalen, weit in den See ragenden, durch einen Damm künstlich geschaffenen Halbinsel erreicht. Römische Bürger ließen sich hier in Thermen von heißem Thermalwasser verwöhnen; Scaliger sicherten den Zugang mit einem mächtigen ****Castello**. Die Altstadt dahinter quillt über vor Souvenirs, Restaurants und Cafés. An der Spitze der Halbinsel sind Fundamente einer römischen Villa aus dem 1./2. Jh., bekannt als Grotte di Catullo, zu besichtigen. Die Kalkterrassen davor gelten als einer der schönsten Badeplätze am See.

 **Erst-!
klassig**

Info

Info-Büros gibt es in allen Gardasee-Orten. Online-Infos unter www.gardasee.com oder www.gardasee.de.

Hotels

**Antica Locanda del
Contrabbandiere ●●**

**Erst-!
klassig** Historischer Gutshof mit drei angenehmen Zimmern und Feinschmeckerrestaurant etwas abseits des Seerummels.

- 25010 Pozzolengo
- Tel. 030 91 81 51
- www.locandadelcontrabbandiere.com

Meridiana ●●

Das modern eingerichtete Mittelklassehotel liegt nicht weit von der Seilbahnstation zum Monte Baldo.

- Via Navene Vecchia 39
- 37018 Malcesine
- Tel. 04 57 40 03 42
- www.hotelmeridiana.it

Restaurants

Al Pescatore ●●—●●●
Feinster Fisch in einem schönen Gasthaus zwischen Malcesine und Garda.

- Casteletto di Brenzone
- Via Imbarcadero 31
- Tel. 04 57 43 07 02
- www.osteriaalpescatore.it

Re Lear ●●—●●●
Traditionelle Gerichte mit modernem Esprit, serviert in historischen Gewölben.

- Malcesine
- Piazza Cavour 23
- Tel. 04 57 40 06 16
- www.relear.com

Pié di Castello ●●
Spezialität der Trattoria unweit von Riva, die seit über 100 Jahren Gäste verwöhnt, sind regionale Produkte wie das Pökelfleisch *carne salada*.

- Cologna di Tenno
- Via al Cingol Ros 38
- Tel. 04 64 52 10 65
- www.piedicastello.it

Aktivitäten

In der Nähe von Peschiera del Garda locken drei Superlative Jung und Alt: der Vergnügungspark **Gardaland** (www.gardaland.it), das **Gardaland Sea Life Aquarium** (www.visitsealife.com) und die **Caneva World** (www.canevaworld.it) mit Wasserpark (Aqua Paradise) und Filmthemenpark (Movieland).

Soave 19

Zentrum eines weiteren berühmten Weingebiets ist Soave (6900 Einw.) unterhalb des gewaltigen ***Castello** der Scaliger. Cansignore della Scala ließ die Burg und die Mauer mit 24 Türmen errichten, die noch heute Burg und Stadt umschließt (Sommer Di–So 9–12, 15–18.30, Winter

9–12, 14–16 Uhr, www.castellodi soave.it). Malerisch ist das Mittelalterfest am 3. Sonntag im Mai. Auch das **Traubenfest** am 3. Sonntag im September lohnt einen Besuch.

Hotel

Roxy Plaza ●●
Das moderne Haus besitzt zwar wenig Atmosphäre, liegt aber zentrumsnah.
▪ Via S. Matteo 4
▪ 37038 Soave
▪ Tel. 04 56 19 06 60
▪ www.hotelroxyplaza.it

Restaurant

Dai Tomasi ●●
Gemütliche Osteria in der Nähe von Soave, die zur bodenständigen Schlemmerei verführt.
▪ 37030 Lavagno
▪ Via Monti Lessini 20
▪ Tel. 045 98 34 00
▪ www.trattoriadaitomasi.com

Shopping

In der Via Roma, der Hauptstraße der Altstadt, kann man sich bei der **Enoteca del Soave** und der Weinkellerei **Coffele** mit Soave-Weinen eindecken. Am Ende der Via Roma kehrt man in die Enoteca Il Drago unter einer gotischen Loggia ein, wo zu über 30 Soave-Sorten leckere Häppchen wie unterschiedlich belegte *bruschette* serviert werden (auch Restaurant, www.enotecaildrago.it).

7 ***Vicenza 20

Die Provinzhauptstadt Vicenza (115 000 Einw.) ist eine Stadt mit Stil, weltberühmt durch die klassischen Bauten, mit denen der große Renaissancearchitekt Andrea Palladio das Stadtbild geprägt hat. An den Straßen reiht sich ein Palast an den anderen, die Geschäfte sind überaus elegant, die Atmosphäre ist von vornehmer Zurückhaltung. Aristokratische Villen zieren die Hügel der Umgebung. Sogar die Industrie beschäftigt sich mit Edlem. Vicenza ist eines der weltweit größten Zentren der Gold- und Juwelenverarbeitung und Sitz Hunderter von Firmen. Internationale Fachmessen werden hier abgehalten.

Geschichte

Die Stadt am Fuß der Monti Berici war nie bedeutend, hat aber ihre Lage an der wichtigsten Handelsroute Oberitaliens immer geschickt genutzt. Die Stadtentwicklung kennzeichnet seit der Römerzeit eine verblüffende Kontinuität.

SEITENBLICK

Bestseller der Region

Der Soave, früher der einfache Hauswein Veronas, setzte sich in den 1970er-Jahren an die Spitze einer neuen Generation frisch-fruchtiger Weißweine. Zwar hat die Massenproduktion zu einer Verflachung des Geschmacks geführt, doch einige Winzer setzen inzwischen wieder erfolgreich auf Qualität, gestützt auf die Eigenart der einheimischen Rebsorten Garganega und Trebbiano (z. B. Anselmi, Pieropan oder Bolla). Der beste Wein, der zart-fruchtige Soave Classico, wächst auf den Hügeln im nördlichen Umkreis von Soave und Monteforte d'Alpone.

Der Hauptplatz liegt auf dem Forum des römischen Vicetia (49 v. Chr. zum Municipium erhoben). Anfang des 12. Jhs. wurde der alte römische Stadtkern um *cardo* und *decumanus* in vier Viertel aufgeteilt, die als Zentrum jeweils eine Kirche erhielten: Dom, San Lorenzo, Santa Corona und San Michele. Unter den Scaligern wurden die Stadtmauern um die Vorstädte im Osten und Westen erweitert, unter der Herrschaft Venedigs, der sich Vicenza 1404 freiwillig unterstellte, auch im Süden und Norden. Im 15. und 16. Jh. versuchte die aristokratische Elite, sich gegenseitig mit repräsentativen Palästen zu übertrumpfen, die noch heute das Straßenbild prägen und deren Krönung die variantenreichen Entwürfe Palladios sind.

An der **Piazza dei Signori

Die Piazza dei Signori ist der Salon der Stadt. Dort sollte man sich erst einmal einen Logenplatz auf der Terrasse des **Gran Caffè Garibaldi** (www.caffegaribaldivicenza.com) suchen und die großartige Fassade von Palladios sogenannter ***Basilica Ⓐ** genauer betrachten. Der Name signalisiert den Bezug zur Antike. Er stellt den mittelalterlichen Justizpalast, der hier auf dem Platz des römischen Forums stand, in die Tradition der Forumsbasilika, die im antiken Rom eine Stätte der Rechtsprechung war.

Mit seinem Entwurf, einem Meisterstück architektonischer Verkleidungskunst, gewann der bis dahin unbekannte Architekt 1546 den Wettbewerb zur Restaurierung des Palazzo della Ragione, dessen doppelstöckige Loggien eingestürzt waren. Die Aufgabe war eine zweifache: ein statisches Stützkorsett für das alte Bauwerk und ein dekoratives Fassadenbild für die Piazza.

In künstlerischer Weise variierte er das Vorbild des Kolosseums in Rom und ummantelte den gotischen Kern mit zweigeschossigen Pfeilerarkaden, gegliedert durch Halbsäulen. Um die Unregelmäßigkeiten des Altbaus zu kaschieren, fügte er neben den Bögen Rechteköffnungen ein. Ihre Ausmaße wechseln unauffällig; so werden die verschiedenen Achsenbreiten ausgeglichen, ohne die Bogengröße zu verändern. Dadurch erhielt die Fassade eine reiche rhythmische Gliederung durch große und kleine Säulen und schattenreiche Öffnungen verschiedener Form und Größe. Diese Arkadenform fand so häufig Nachahmung, dass sie als »Palladio-Motiv« in die Architekturgeschichte eingegangen ist.

Neben der Basilica ragt der gotische Stadtturm 82 m in die Höhe, die *Torre di Piazza. Den Schlussakkord des Platzensembles bilden zwei Säulen, von denen die eine den geflügelten Löwen als Machtsymbol Venedigs trägt, die andere eine Statue des Erlösers.

Die zierliche Bogenreihe an der Fassade des um 1500 entstandenen **Palazzo Monte di Pietà** gegenüber der Basilica zeigt, wie nachdrücklich Palladios Architektur neue Akzente setzte. Besonders markant ist

Trägt die Handschrift Palladios: die Basilica an der Piazza dei Signori

der Kontrast zur **Loggia del Capitaniato** daneben, ein Spätwerk Palladios (1570) mit kolossalen Säulen auf hohen Sockeln bis zum Dachgesims. Einst befand sich hier die Residenz des venezianischen Statthalters von Vicenza.

Rund um den *Corso Palladio

Der Corso Palladio, die schnurgerade Hauptachse der Altstadt, liegt auf dem *decumanus maximus* der Römerstadt. Hier und in den Nebenstraßen reihen sich elegante Geschäfte, Buchhandlungen, Delikatessenläden und Paläste. An der Ecke zur Contrà Cavour – die Altstadtstraßen heißen in Vicenza »Contrà«, nicht »Via« – residiert das **Rathaus** Ⓑ in einem Palast des Palladio-Mitarbeiters und Nachfolgers Vincenzo Scamozzi von 1592.

Die Fensterarkaden gotischer Paläste erinnern häufig an venezianische Vorbilder, z.B. der schöne *Palazzo del Toso-da Schio Ⓒ aus dem Jahr 1477 auf Nr. 147. In Nr. 163, der **Casa del Palladio** Ⓓ, deren Loggia das »Palladio-Motiv« zeigt, soll der Baumeister gewohnt haben.

Die Piazza Matteotti beherrscht der **Palazzo Chiericati** Ⓔ mit einer luftigen Fassade, die sich mit zwei Kolonnadenreihen zum Platz hin öffnet. Wie bei den meisten Bauten verwendet Palladio auch hier Ziegel und nicht kostbaren Marmor. Seine Architektur sollte in erster Linie durch gute Form und ausgewogene Proportionen überzeugen. Der Palazzo ist Sitz der *Pinacoteca mit einer bedeutenden Sammlung vicentinischer und venezianischer Malerei (zurzeit wegen Restaurierungsarbeiten geschl.).

Vorhof des Teatro Olimpico

Den hölzernen Bau des *****Teatro Olimpico** F hinter den Mauern des ehemaligen Carrara-Kastells (13. Jh.) entwarf Palladio für die Gesellschaft der Accademia Olympica (ab 1580 von Vincenzo Scamozzi ausgeführt). 1585 mit einer Aufführung des »Oedipus Rex« von Sophokles eingeweiht und danach nie mehr benutzt, hat es als Rekonstruktion des antiken Theaters aus dem Geist des Humanismus die Zeiten überdauert (Juli/Aug. Di–So 9–18, sonst 9–17 Uhr). Im Teatro Olimpico finden von Mitte Mai bis Mitte Juni die Settimane Musicali mit klassischen Konzerten statt (www.olimpico.vicenza.it).

Erst-! klassig

*Santa Corona G, die dreischiffige Basilika des weitläufigen Dominikanerklosters, entstand 1260 bis 1270. Der Chorraum wurde 1480 neu gebaut. Ein Hauptwerk des ve-

nezianischen Renaissancemeisters Giovanni Bellini enthält der fünfte Seitenaltar links: die ***Taufe Christi** (um 1504), ein Stimmungsbild in verklärter Atmosphäre.

In der **Contrà Porti,** der nobelsten Straße der Stadt, reihen sich die Paläste dicht aneinander: zwei von Palladio, ***Iseppo da Porto** (Nr. 21) und *****Barbaran da Porto** (Nr. 11, Di–So 10–18 Uhr, www.palladio museum.org), andere aus der Spätgotik (Nr. 14, 17, 19).

Die Hauptfront des 1542–1546 von Palladio erbauten *****Palazzo Thiene** H , heute Sitz der Banca Popolare, blickt auf die parallel verlaufende Contrà S. Gaetano da Thiene. Die Ausstellung Alter Meister im Palazzo ist nur nach Voranmeldung zu besichtigen (Tel. 04 44 33 99 89, www.palazzothiene.it).

Ein Bummel führt über die Contrà Riale zum Corso Fogazzaro. Er öffnet sich zum Platz vor der Franziskanerkirche ***San Lorenzo** I , einem frühgotischen Backsteinbau mit schöner Portalplastik aus dem 14. Jh. Auf Nr. 16 des Corso zeigt Palladios *****Palazzo Valmarana-Braga** J das stolze Motiv hoher, durchlaufender Pilasterbänder, das zu einem typischen Gestaltungsmerkmal des Barock werden sollte (Mi 10–12, 15–18 Uhr, www. palazzovalmaranabraga.it).

Der Corso Palladio endet im Westen an der Piazza Castello. Davor liegt der Piazzale de Gasperi mit einem Turm der einstigen Scaligerburg und angrenzend der **Giardino Salvi** mit Fischteich und der palladianischen **Loggetta Valmarana** K .

Vom **Dom zum Rione Barche

Der **Dom Santa Maria Maggiore** 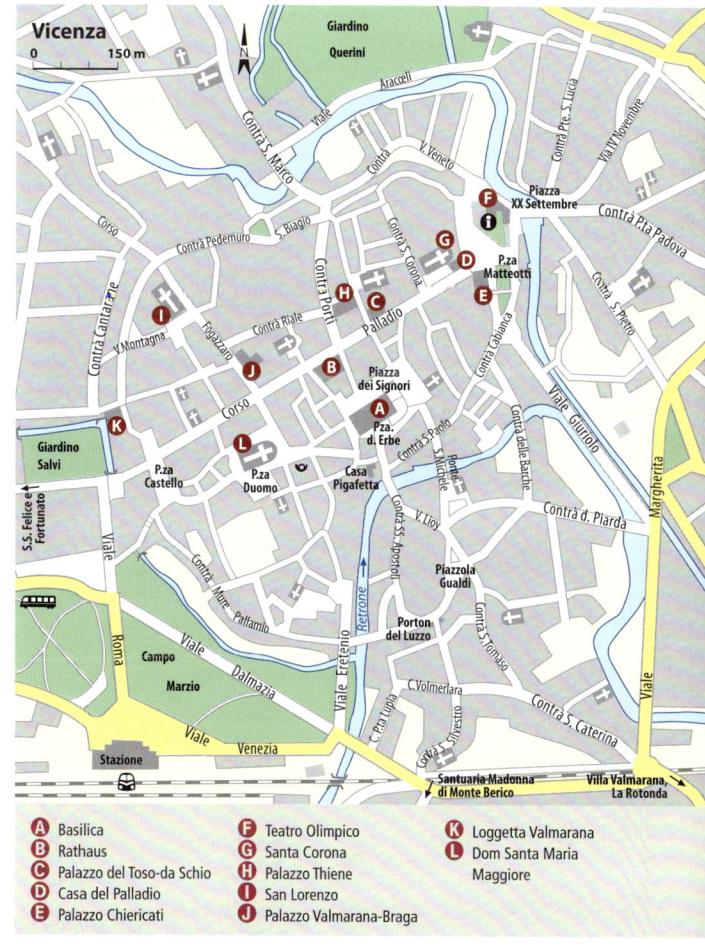, im 13. Jh. auf älteren Vorgängerbauten errichtet, im 15. Jh. umgebaut (Fassade, Chor) und nach schweren Kriegszerstörungen wieder hergestellt, enthält im Inneren sehenswerte Altargemälde, u. a. ein

*Polyptychon (1366) von Lorenzo Veneziano (5. Kapelle rechts).

Vom Domplatz geht es weiter über die Contrà Pigafetta zur *Casa Pigafetta, einem Stadtpalast mit reichem Bauschmuck im Stil der Spätgotik, und zur Piazza delle Erbe, dem Marktplatz an der Rückseite der Basilica.

- **A** Basilica
- **B** Rathaus
- **C** Palazzo del Toso-da Schio
- **D** Casa del Palladio
- **E** Palazzo Chiericati
- **F** Teatro Olimpico
- **G** Santa Corona
- **H** Palazzo Thiene
- **I** San Lorenzo
- **J** Palazzo Valmarana-Braga
- **K** Loggetta Valmarana
- **L** Dom Santa Maria Maggiore

Freskenschmuck in der Villa Valmarana

Palladio-Villen über Vicenza

Zwei berühmte Villen am Monte Berico südlich der Stadt kann man mit dem Auto oder auch zu Fuß (ca. 30 Min. Fußweg) besuchen: Die äußerlich eher bescheidene *****Villa Valmarana ai Nani** (1669) in idyllischer Lage enthält einen bedeutenden ****Freskenzyklus** (1757) von Giovanni Battista Tiepolo im Haupthaus. Der Legende zufolge beschäftigte der Graf ausschließlich Kleinwüchsige (nani = Zwerg) als Diener, damit sich seine Tochter ihrer Kleinwüchsigkeit nicht bewusst wurde. Als sie jedoch von einem Ritter die Wahrheit erfuhr, stürzte sie sich aus dem Fenster (9. März–4. Nov. Di–So 10–12.30, 15–18 Uhr, www.villavalmarana.com).

Die Villa Almerico-Capra, kurz *****La Rotonda** genannt, ist die berühmteste Villa Palladios und wurde 1566–1567 für den Bischof Paolo Almerico errichtet. Auf einer niedrigen Anhöhe gelegen, wendet der majestätische quadratische Kuppelbau allen vier Himmelsrichtungen eine klassische Tempelfront auf hohem Treppenpodest zu. Goethe fand die Villa trotz seiner Begeisterung für Palladio »wohnbar, aber nicht wöhnlich« (April–Okt. Villa Mi, Sa 10–12, 15–18, Nov.–März 10–12, 14.30–17 Uhr, Garten So, Di, Do, Fr, www.villalarotonda.it).

Auf dem Rückweg besucht man die spätbarocke Wallfahrtskirche **Basilica di Monte Berico** in dominierender Höhe mit schönem Panoramablick über die Stadt. Im Refektorium des Klosters ist eines der berühmten Gastmähler Veroneses zu bewundern, die ***Cena di S. Gregorio Magno** (1572).

Erst-klassig

Die prächtigsten Villen

- Prachtvoll ist die **Villa Barchessa Valmarana** am Brenta-Kanal: Villenkultur mit Rokokofresken › **S. 41.**
- Die **Villa Badoer** in Fratta Polesine bietet palladianische Eleganz in flacher Deltalandschaft › **S. 44.**
- **La Rotonda** bei Vicenza ist eine klassische Schönheit › **S. 100.**
- Außen Palladio, innen Veronese: Die **Villa Barbaro** in Maser bei Asolo zählt zu den beeindruckendsten Villen der Region › **S. 104.**

Info

IAT
Hier bekommt man auch Infos zu den Palladio-Villen.
- Piazza Matteotti 12
- 36100 Vicenza
- Tel. 04 44 32 08 54
- www.visitvicenza.org

Palladio und die Folgen

Palladio, eigentlich Andrea di Pietro (1508–1580), ließ sich Zeit bis zu seinem ersten architektonischen Auftritt. 36 Jahre war der Steinmetz bereits alt, als er die Basilica von Vicenza errichtete. Niemand vermaß so genau wie Palladio die Ruinen in Rom und studierte so intensiv Schriften des römischen Architekten Vitruv, um den geheimen Gesetzen der antiken Baukunst auf die Spur zu kommen.

Palladios Stil ist nicht leicht zu bewerten. Er war kein kalter, pedantischer Klassizist, sondern auf der ständigen Suche nach ewigen Normen für Schönheit und Harmonie, die man nach seiner Überzeugung nur gewinnen konnte »aus der Übereinstimmung des Ganzen mit den Teilen, sodass ein Gebäude als ein Körper mit vollkommenen Proportionen erscheint, in dem jedes Glied vom Standpunkt des ganzen Körpers notwendig ist«.

Seine weltweite Wirkung verdankte Palladio weniger seinen ausgeführten Bauten als seiner in den »Quattro Libri dell'Architettura« veröffentlichten Architekturlehre. Durch sie wurde ein klassizistischer »Palladianismus« weltweit verbreitet, von England bis zum Mississippi, von Finnland bis Neuseeland.

Bild oben: Kirche mit Tempelfront – der Tempietto der Villa Barbaro in Maser **101**

Hotels

Agriturismo San Michele ●●●

In der Nähe der Villa La Rotonda und im palladianischen Stil minimalistisch und klar eingerichtet, passt der elegante Agriturismo wunderbar zu Vicenza.

**Erst-!
klassig**

- Strada della Pergoletta 118
- Tel. 04 44 53 37 54
- www.agrismichele.it

Due Mori ●●

Das freundliche Mittelklassehotel in der Altstadt besitzt eine gegenüberliegende, jüngst renovierte Dependance mit herrlicher Dachterrasse.

- Contrà Do Rode 24
- Tel. 04 44 32 18 86
- www.hotelduemori.com

Bob und Jenny's B & B ●

Etwa 10 Gehminuten zur Piazza dei Signori, sehr persönliche Atmosphäre – reichlich Tipps gibt's gratis.

- Borgo Berga 140
- Tel. 04 44 32 08 84
- www.bed-breakfast-italy.com

Restaurants

Angolo Palladio ●●–●●●

Elegant-modernes Restaurant mit Anspruch und herrlichem Freisitz. Große Auswahl an Weinen aus der Region.

- Piazzetta Andrea Palladio 12
- Tel. 04 44 32 77 90
- www.angolopalladio.it

Ponte delle Bele ●●

Die rustikal eingerichtete Trattoria serviert deftige Spezialitäten aus dem Trentino.

- Contrà Ponte delle Bele 5
- Tel. 04 44 32 06 47
- www.pontedellebele.it

Il Ceppo ●–●●

Köstlichkeiten aus der Region, frisch und delikat zubereitet, zum Verspeisen an der Theke oder auch zum Mitnehmen.

- Corso Palladio 196
- Tel. 04 44 54 44 14
- www.gastronomiailceppo.com

Shopping

Olio & Olive

Hier können Sie lernen, wie man Öl verkostet, und die besten nativen Olivenöle der Region kaufen, weiterhin edle Essige und Gewürze.

**Erst-!
klassig**

- Corso Padova 98
- http://olioeolive.net

Offelleria della Meneghina

Die traditionsreiche Konditorei lockt mit süßen Verführungen.

- Contrà Cavour 18

****Lugo di Vicenza**

Zwei Villen auf einer sanften Anhöhe lohnen die Fahrt nach Lugo di Vicenza. Die *****Villa Godi-Malinverni** ist die älteste Villa Palladios, ab 1537 geplant, noch ohne antike Zitate. Maßvolle Schlichtheit und Harmonie der Proportionen zeigen aber bereits die typische Handschrift des Meisters. Der ***Fresken**zyklus mit mythologischen Szenen (1552–1557 von G. B. Zelotti u. a.) ist die älteste von vielen ähnlichen Villendekorationen des 16. Jhs. Zu sehen sind auch eine Sammlung italienischer Malerei des 19. Jhs. und fossile Funde (April–Sept. Di 15–19, Sa 9–14, So 10–19, März und Okt./Nov. Di, Sa, So 14–18 Uhr, www.villagodi.com).

Die ***Villa Piovene Porto Godi** auf dem Nachbarhügel ist vermutlich ebenfalls ein Jugendwerk Palladios, wurde aber im 18. Jh. durch einen Säulenportikus und die große Freitreppe bereichert. Sie kann nur von außen besichtigt werden.

****Asolo** 22

Die Hügel von Asolo (6650 Einw.) mit ihrem mediterranen Klima, wo aus üppigem Grün dunkle Zypressen ragen, wurden im 19. Jh. von englischen Romantikern wie dem Dichter Robert Browning entdeckt. Eleonora Duse, die große Theater-Heroine, lebte hier und ist auf dem Friedhof von Sant'Anna begraben.

Der anmutige Ort war schon in der Renaissance berühmt: Hier unterhielt die Venezianerin Catarina Cornaro (1454–1510), Ex-Königin von Zypern, einen humanistischen Musenhof, in dem sie Künstler und Literaten um sich scharte. Ihre Residenz im Castello della Regina ist nicht erhalten geblieben. Ansonsten jedoch hat Asolo mit seinen verschlungenen Wegen am Hang, den prachtvollen Villen, schönen Palazzi und engen Gassen seinen historischen Charme bewahrten können. Zahlreiche Winzerbetriebe sind hier ansässig, die zur Weinverkostung einladen.

Hotel

Hotel Duse ●●
Das Mittelklassehotel im Zentrum residiert in einem hauseigenen Stadthaus; auch das hauseigene Restaurant ist sehr zu empfehlen.

- Via Browning 190
- 31011 Asolo
- Tel. 042 35 52 41
- www.hotelduse.com

Restaurants

La Trave ●●
Hopfensprossen im Blätterteig oder Suppe mit Taubenfleisch – garantiert kreativ.

- 31011 Asolo-Pagnano
- Via Bernardi 15
- Tel. 04 23 95 22 92

Tappo Bar ●●
Weinbar mit Restaurant, im Sommer auch Tische auf dem Hauptplatz. Innovative regionale Küche.

- Via Roma 55
- Tel. 04 23 95 22 01
- www.tappobar.it

SEITENBLICK

Shopping in Asolo

Die zentrale Via Browning mit ihren schattigen Arkaden säumen schöne Geschäfte wie der Delikatessenladen **Sgarbossa** (Nr. 151) und die einladende **Enoteca Alle Ore** (Nr. 185). Hier findet man eine gute Auswahl an Weinen; Käsehäppchen sowie Fischgerichte sorgen für eine Grundlage (Tel. 04 23 95 10 22; Mo geschl.). Es gibt zahlreiche Antiquitätengeschäfte; an jedem 2. Sonntag im Monat (außer Juli/Aug.) findet ein **Antiquitätenmarkt** mit Ausstellern aus ganz Italien statt. In der **Scuola Asolana di Antico Ricamo** wird Wäsche wie anno dazumal von Hand bestickt (Via Canova 333, www.scuolaasolanaanticoricamo.it).

Die Villa Barbaro in Maser zählt zu den schönsten Palladio-Villen

Ausflug zu den ***Palladio-Villen

Von den 19 Villen, die Andrea Palladio gebaut hat, ist die ***Villa Barbaro 23** in **Maser** (7,5 km östlich von Asolo) sicherlich die schönste (um 1558), auch wegen der prächtigen Innendekoration durch den großen Renaissancemaler Paolo Veronese, den Meister venezianischen Festgepränges. Auftraggeber waren die Brüder Daniele und Marcantonio Barbaro, zwei venezianische Aristokraten. Bauherren und Baumeister huldigten denselben, an der Antike orientierten Idealen. Anmutig öffnet sich die Villa am Hügelfuß mit breiter Front auf die Ebene, ein vornehmer Giebelbau mit ionischen Frontsäulen, seitlich gerahmt von den niedrigen, arkadengesäumten Wirtschaftsgebäuden, den *barchesse*. Die stilvolle Kulisse für heitere Feste bilden Veroneses **Fresken mit illusionistischen Effekten und gemalter Säulenarchitektur in perfekter Harmonie mit Palladios Baukunst (März und Juli/Aug. Di, Do, Sa 10.30–18, So 11–18, April–Juni und Sept./Okt. Di–Sa 10–18, So 11–18, Nov.–Febr. Sa, So 11–17 Uhr, www.villadimaser.it).

Über die SS 307 und eine Nebenstrecke (ab Caselle) gelangt man Richtung Süden nach **Fanzolo** (17 km) zur **Villa Emo 24**, einer weiteren Palladio-Villa (um 1564) – sie befindet sich nach wie vor im Besitz der Familie des Bauherrn, der Grafen Emo. Die Emos widmeten sich im 16. Jh. intensiv der Landwirtschaft und führten den Maisanbau im Veneto ein, Basis für die künftige Volksspeise der Region: die Polenta. An diese Pioniertat erinnern die Maisbündel auf den Festons der Fresken (1565 vom Veronese-Mitarbeiter G. B. Zelotti), auf denen die Familie in mythologischen Kostümen gefeiert wird. Der rampenartige Aufgang zum Hauptportal hatte auch einen praktischen Zweck: Er diente als Dreschplatz (Mai–Okt. Mo–Sa 15–19, So zusätzlich 9.30–12.30, Nov.–April Mo–Sa 10–12.30, 14.30–17.30, So 9–12.30, 14–18 Uhr, www.villaemo.org).

****Bassano del Grappa** 25

Bassano (40 000 Einw.) ist die größte unter den kleinen Städten der Provinz Vicenza. Die hier breite Brenta wird von einer gedeckten Holzbrücke überquert, die zum Wahrzeichen von Bassano avancierte und schöne Blicke auf Fluss, Berge und Altstadt gewährt.

Von Palladio geplant, wurde der ***Ponte Vecchio** nach mehrfacher Zerstörung durch Hochwasser und Krieg immer wieder aufgebaut, zuletzt 1948, als er von deutschen Truppen beim Rückzug gesprengt wurde. Zusammen mit dem Monte Grappa ist die Brücke ein patriotisches Wallfahrtsziel; zu Ehren des italienischen Alpenkorps, das Bassano am Monte Grappa verteidigte, wird sie auch Ponte degli Alpini genannt. Ein Volkslied weist ihr eine besondere Bedeutung für Liebespaare zu. »Sul Ponte di Bassano, là ci darem la mano ed un bacin d'amore« (»Auf der Brücke von Bassano werden wir uns die Hand und einen Kuss der Liebe geben«), heißt es. Und bis heute ist die Brücke ein Treffpunkt von Liebespaaren.

Zwischen Brücke und zentraler ***Piazza della Libertà** findet man in den Straßen der Alstadt malerische Fassaden und verlockende Schaufenster. Delikatessen verkauft u. a. die **Bottega del Porcino** (Via Menarola 17/21).

Die Piazza dominieren die Kirche San Giovanni Battista (18. Jh., in palladianischer Tradition) und die ***Loggia del Comune**, Ecke Via Matteotti, ein graziler Bau des 15. Jhs. mit einer Uhr aus dem 16. Jh. und den Wappen der venezianischen Statthalter *(Podestà)*.

An der Piazza Garibaldi steht die schlichte Franziskanerkirche San Franceso (1287–1331). Im ehemaligen Kloster zeigt die ***Pinakothek** des Museo Civico u. a. 17 Werke von Mitgliedern der Künstlerfamilie dal Ponte aus Bassano, die eine eigen-

Die Holzbrücke von Bassano

Erst-klassig

willige manieristische Variante der venezianischen Malerei repräsentieren. Die größte Bedeutung erlangte Jacopo dal Ponte, genannt Jacopo Bassano (Di–Sa 9–19, So 10.30–13, 15–18 Uhr, www.museibassano.it).

Info

APT

▮ 36061 Bassano del Grappa
▮ Largo Corona d'Italia 35
▮ Tel. 04 24 52 43 51
▮ www.bassanodelgrappa.gov.it

Hotel

Villa Ca' Sette ●●●

Zeitgenössisches Design in einer Villa des 17. Jhs. Exklusive, familiäre Atmosphäre.
▮ Via Cunizza da Romano 54
▮ Tel. 04 24 38 33 50
▮ www.ca-sette.it

Restaurant

Trattoria del Borgo ●●

Feine, bodenständige Küche im typischen Ambiente einer Dorfkneipe.
▮ Via Margnan 7
▮ Tel. 04 24 52 21 55

Shopping

Grapperia Nardini

Feinste Brände erhält man seit 1779 im urigen Ausschank der Grapperia.
▮ Ponte Vecchio 2
▮ www.nardini.it

Destilleria Poli

Grapperia mit kleinem, interessanten Grappa-Museum.
▮ Via Gamba 6 (Ponte Vecchio)
▮ www.poligrappa.com
▮ Tgl. 9–19.30 Uhr

Ausflug nach
*Cittadella 26

Mit einem vollständig erhaltenen elliptischen ***Mauerring** (13. Jh.) von 1461 m Länge, mit 28 Türmen, vier Toren, Wehrgang und Wassergraben, ist der Ort ein einzigartiges Relikt mittelalterlichen Festungsbaus. Ein Spaziergang auf der Stadtmauer zeigt Ort und Landschaft aus wechselnden Perspektiven. Die Torre di Malta an der Porta Padova im Süden ließ 1251 der schreckliche Ezzelino da Romano als Kerker errichten, in dem als politische Gefangene eine Reihe von Paduaner Adeligen zu Tode gefoltert wurden.

Vor herrlichem Panorama liegen die Weinberge von Conegliano

Triest, Friaul und die südöstlichen Dolomiten

Das Beste!

- **Auf einer gelben Vespa** das Collio erkunden › S. 108
- **In einem Triestiner Buffet** die lokale Hausmannskost in ihrer ganzen Vielfalt kennenlernen › S. 122
- **Vom Schloss Duino** aus den Blick über Felsklippen und Meer schweifen lassen › S. 124
- **In Cividale del Friuli** das eindrucksvolle langobardische Erbe bewundern › S. 127
- **Im Schinkenhimmel schweben** in San Daniele › S. 131

Habsburgische Vergangenheit und multikulturelle Gegenwart in Triest, malerische Felsbuchten bei Duino, langobardische Kunst in Udine, kulinarische Entdeckungen in Cormons und San Daniele, Bergeinsamkeit in den Belluneser Dolomiten.

Landschaftliche Kontraste kennzeichnen auch diese Urlaubsregion, die neben kulturellen Schenswürdigkeiten auch zahlreiche Freizeitaktivitäten bietet. Im Küstengebiet reihen sich entlang der Lagunen feine Sandstrände aneinander, in der Triestiner Bucht dann malerische Felsbuchten mit ebenfalls herrlichen Bademöglichkeiten. Frühchristliche Architektur, venezianisches Erbe und Habsburger Flair prägen Städte wie Cividale del Friuli, Udine und Triest. Das Hinterland leitet von den Küstenebenen zu den Voralpen über und präsentiert neben kulturellen Highlights wie Udine oder Cividale vor allem kulinarische Genüsse mit Prosciutto, Wein und vielen anderen friulischen Spezialitäten. In der Welt der Dolomiten und der Karnischen Alpen, die Friaul und das Veneto sich teilen, locken reizvolle Städtchen und majestätische Bergzinnen, teils Weltnaturerbe der UNESCO.

Touren in der Region

Genusstour durchs Collio

Tour-Übersicht:

Verlauf: Gorizia › San Floriano del Collio › Cormons › Brazzano › Ruttars › Dolegna del Collio › Cividale del Friuli

Länge: 40 km; 1/2 Tag

Praktische Hinweise:

▪ Am besten unternehmen Sie die Tour mit dem eigenen Fahrzeug oder mit der Vespa: Gäste von Winzern und Agriturismi der Tourismusinitiative »Il Collio in Vespa« können gratis quietschgelbe Vespas leihen und damit das Collio erkunden (www.turismofvg.it).

▪ Eine reizvolle Variante führt von San Floriano durch den slowenischen Teil des Collio (Brda) nach Cormons (Personalausweis mitnehmen!).

Tour-Start:

Von ***Gorizia** › S. 124 führt die Tour nach Norden auf die slowenische Grenze zu und hügelaufwärts nach ***San Floriano del Collio**, dessen Häuschen sich um ein Schloss aus dem 16. Jh. gruppieren. Heute residieren darin ein Romantikhotel und der bekannte Weinkeller der Grafen

Formentini ●●● (Tel. 04 81 88 42 74, www.castelloformentini.com), die ihren seit Jahrhunderten gekelterten Tocai Friulano nach dem EU-Beitritt Ungarns nur noch Friulano nennen dürfen. Wenn Sie den landschaftlich reizvollen Abstecher über die slowenische Brda › S. 125 unternehmen wollen, deren Hügel noch steiler, die Weingärten noch kühner angelegt sind, fahren Sie hier in Richtung Dobrovo und folgen der kurvenreichen Straße 10 km bergauf und bergab, vorbei an Reben, Winzerhöfen und kleinen Orten. Hinter dem Renaissanceschloss **Dobrovo** passieren Sie den Grenzort **Medana** und sind zurück in Italien und kurz vor Cormons.

Auf der Hauptroute von San Floriano den Hügel hinunter und wieder hinauf in Richtung **Ceglo/Zegla** treffen Sie auf ein weiteres Weingut, dessen Tocai mehrfach Preise gewann. Nun keltert Edi Keber wie schon seine Vorfahren aus der Tocai-Traube ein preisverdächtiges Cuvée, das er schlicht »Collio« nennt (www.edikeber.it). Auf der Weiterfahrt nach Cormons passiert man den Weiler **La Subida** mit dem gleichnamigen Agriturismo › S. 126, auf dem Joško Sirk seiner Leidenschaft für die Essigherstellung nachgeht. So stellt er die Würze direkt aus Trauben her, nicht aus Most oder Wein. Das Ergebnis: ein höchst aromatischer, kostbarer Essig.

Cormons › S. 126 präsentiert sich als hübsche Kleinstadt mit gleich zwei kulinarischen Highlights: Prosciutto und Dolci › S. 126. Im nächsten Ort, **Brazzano,** könnten Sie eine

Mittagsrast einlegen: Die Osteria **Terra & Vini** ●● (Tel. 0 48 16 00 28, www.terraevini.it) ist berühmt für die Qualität ihrer friulischen Küche, und die zarte Polenta mit Gansragout stellt eine gute Grundlage dar für die Verkostung der Weine von Livio Felluga (www.liviofelluga.it). Über **Ruttars** und **Dolegna del Collio** geht es, vorbei am ✴Castello di Trussio (mit Luxusrestaurant), nach Norden. Die Burganlage geht auf die Römerzeit zurück und diente Langobarden wie Aquileia als Grenzfestung. Schließlich ist ✴Cividale del Friuli › S. 127, die faszinierende Langobardenstadt, erreicht.

Durchs Triestiner Hinterland

Tour-Übersicht:

Verlauf: Triest › Muggia › Val Rosandra › Basovizza › Opicina › Grotta Gigante › Rupingrande › Sgonico › Santa Croce › Duino › Timavo-Quelle › Miramare › Barcola › Triest

Dauer: 90 km; 1 Tag
Praktische Hinweise:
- Für diese Tour brauchen Sie unbedingt ein Auto. Eine detaillierte Karte in möglichst kleinem Maßstab ist von Vorteil.
- Welche Osmizze (Buschenschänken) gerade geöffnet haben, erfährt man in der Triestiner Tourismusinfo – oder Sie folgen den Hinweisschildern: einem roten Pfeil mit Blätterbüschel.

Atemberaubende Ausblicke ergeben sich bei der Fahrt durch den Karst

Bevor Sie sich aufmachen, von ****Triest** › **S. 118** aus die Dörfer entlang des Karstabbruchs zu erkunden, lohnt ein Abstecher in das venezianisch geprägte **Muggia** › **S. 123**. Dann folgen Sie den Hinweisschildern Dolina/Bagnoli della Rosandra, bis die Straße an der Berghütte Rifugio M. Premuda endet. Von hier führen kurze und längere Wanderwege ins idyllische **Val Rosandra**, etwa in 30 Min. vorbei an Wasserfällen bis **Bottazzo**. Hinter Haus-Nr. 623 verbirgt sich in Bagnoli ein Olivenölproduzent der Extraklasse: Starec-Öle sind international geschätzt (www.starec.it).

Der Name des Ortes **Basovizza** ist mit Gräueltaten am Ende des Zweiten Weltkriegs verbunden. In der Foiba, einem nahe gelegenen, über 300 m tiefen Karststeinbruch, wurden 1945 die Leichen zahlreicher Ermordeter entdeckt, die offensichtlich von den jugoslawischen Partisanen, die Triest befreit hatten, als Kollaborateure exekutiert worden waren. Schätzungen sprechen von mehreren zehntausend Opfern. Ein Mahnmal gedenkt der Toten.

Opicina ist mit einer Tram- bzw. Standseilbahn mit Triest verbunden. Die Städter pilgern hier oben scharenweise zur **Pasticceria Saint Honoré**, wo es köstliche hausgemachte Schokolade und Kuchen gibt (Via di Prosecco 2, Tel. 0 40 21 30 55, So, Mo geschl., Filiale in Triest in der Via Cassa di Risparmio). An heißen Tagen verspricht die ****Grotta Gigante** › **S. 28** Abkühlung im unterirdischen Tropfstein-Reich. Nur wenige Kilometer weiter kann man in **Repen/Rupingrande** ein typisches Karsthaus besichtigen (Kraška hiša, April–Okt. So, Fei 11–12.30, 15 bis 17 Uhr, www.kraskahisa.com) und im Restaurant **Krizman** ●● (Repen 76, Tel. 040 32 71 15, www.hotel krizman.eu) einkehren, dessen Karstküche von den Triestinern sehr geschätzt wird.

In **Sgonico** ist die artenreiche Karstflora im Giardino Botanico Carsiana zu bewundern (April bis Okt. Di–Fr 9.30–13, Sa, So 10–13, 15–19 Uhr, www.giardinobotanico carsiana.it). Das hübsche Dorf **Santa Croce** ist der letzte Halt auf dem Karst. Traditionell lebten hier die Thunfischfänger, die von ihrem Dorf in exponierter Lage einen guten Überblick über den Golf von Triest (und die Fischschwärme) hatten. Genießen Sie das *Panorama, bevor Sie sich auf die Fahrt hinunter an die Küste machen!

Hinter ****Duino** › S. 124 entspringt der in der Antike als mythisch verehrte Fluss Timavo aus einer Karstquelle, um nur wenige Kilometer weiter ins Meer zu münden. In der Apsis der gotischen Kirche San Giovanni an der Quelle sind Fundamente eines Vorgängerbaus und Mosaiken aus dem 5. Jh. freigelegt worden.

Von ****Schloss Duino** › S. 124 könnten Sie auf dem **Sentiero Rilke** entlang der Steilküste bis zur **Bucht von Sistiana** wandern (einfacher Weg ca. 30 Min.). Alternativ geht's mit dem Auto ein Stück landeinwärts bis zum ****Schloss Miramare** › S. 123, das ein vom WWF verwaltetes Meeresschutzgebiet umgibt. Das Besucherzentrum organisiert geführte Tauchgänge und Schnorchelexkursionen (www.riservamarina miramare.it). Im nahe gelegenen **Barcola** badet nicht nur die Triestiner Jugend. Statt am Strand liegt man auf Fels- und Betonplattformen. Tun Sie's den Leuten nach – das Wasser ist hier herrlich klar!

Tour 12 Am Tagliamento nach Karnien

Tour-Übersicht:

Verlauf: Udine › **Villa Manin** › **Casarsa della Delizia** › **Valvasone** › **Provesano** › **Spilimbergo** › **San Daniele del Friuli** › **Castello di Colloredo di Monte Albano** › **Gemona del Friuli** › **Venzone** › **Tolmezzo**

Dauer: 136 km; 1 Tag
Praktische Hinweise:

▪ Am flexibelsten ist man auf dieser Tour mit dem Pkw; Abstecher wie zur Villa Manin sind mit den Bussen der Udineser Busgesellschaft SAF (www.saf.ud.it) nur schwer oder gar nicht zu organisieren.

▪ Die Villa Manin ist mittags und an den Wochenenden geschlossen.

Tour-Start:

Die Tour erkundet von Udine aus das nördliche Friaul mit seinen kulturellen und kulinarischen Highlights. Von *Udine › S. 128 nach Südwesten fahrend, zweigt man nach etwa 23 km nach Passariano mit dem schlossartigen Komplex der *Villa Manin › S. 130 ab. Dann überquert man den Tagliamento und erreicht **Casarsa della Delizia,** wo Pier Paolo Pasolini als Lehrer arbeitete. Auf dem Friedhof ist er neben seiner Mutter begraben.

Das weiter nördlich liegende **Valvasone** besitzt einen historischen Ortskern sowie in der Pfarrkirche eine *Renaissanceorgel, deren Flü-

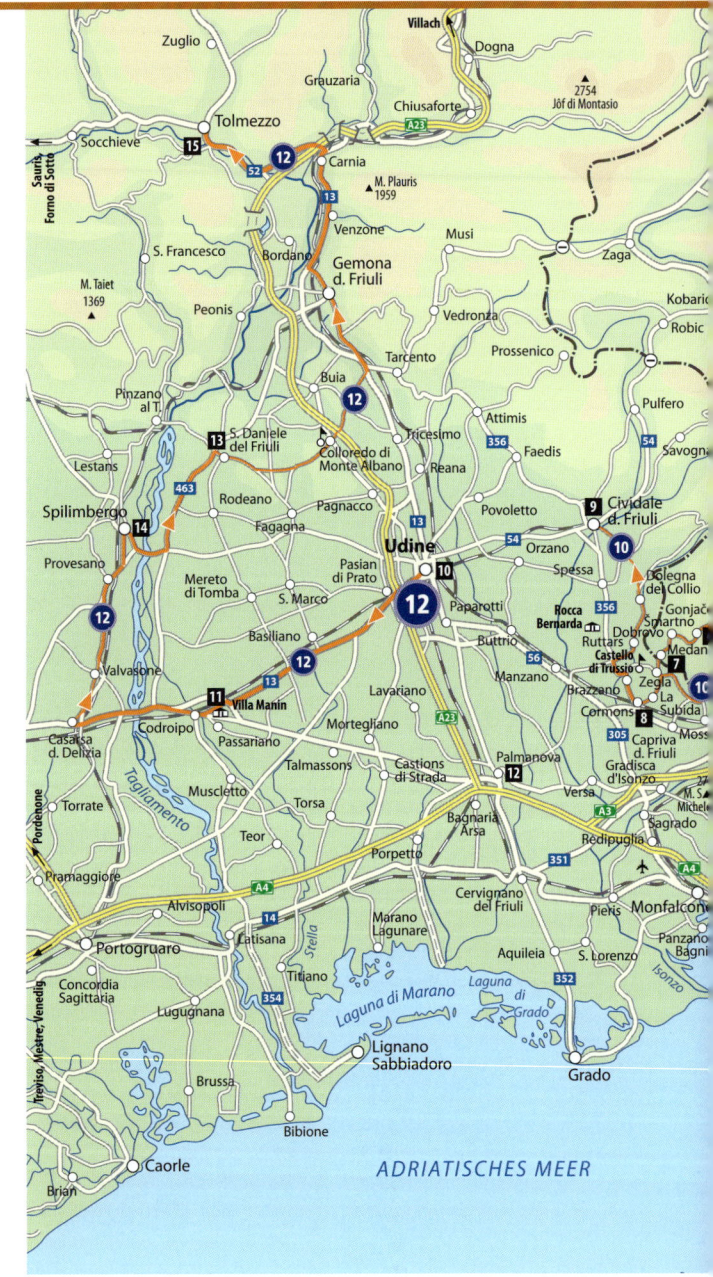

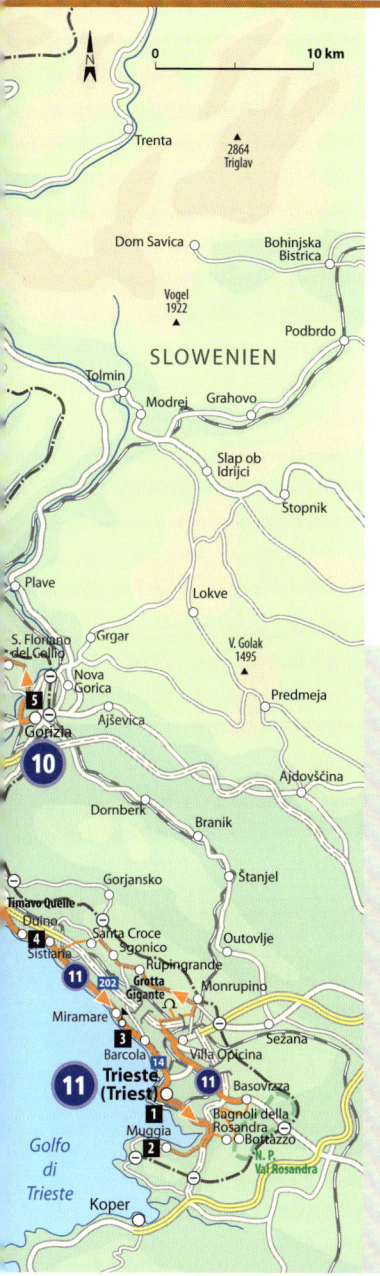

gel von Pordenone bemalt wurden. In **Provesano** sind die *Fresken (1496) von Gianfrancesco di Tolmezzo im Chor der Pfarrkirche sehenswert. *Spilimbergo › S. 132 liegt hübsch auf einer Terrasse über dem breiten Tagliamento-Tal. Hier serviert die **Osteria Da Afro** typisch friulische Küche › S. 132.

Zurück am Ostufer des Tagliamento, machen die Häuser der Altstadt von *San Daniele del Friuli › S. 131 einen recht neuen Eindruck; sie wurden nach den schweren Erdbebenschäden von 1976 rekonstruiert. Auf der Weiterfahrt zur SS13 nach Gemona kommt man am **Castello di Colloredo di Monte Albano** vorbei. Die großartigste, mit Fresken von Giovanni da Udine (16. Jh.)

Touren im Friaul

Tour **10**

Genusstour durchs Collio

Gorizia › San Floriano del Collio › Cormons › Brazzano › Ruttars › Dolegna del Collio › Cividale del Friuli

Tour **11**

Durchs Triestiner Hinterland

Triest › Muggia › Val Rosandra › Basovizza › Opicina › Grotta Gigante › Rupingrande › Sgonico › Santa Croce › Duino › Timavo-Quelle › Duino › Miramare › Barcola › Triest

Tour **12**

Am Tagliamento nach Karnien

Udine › Villa Manin › Casarsa della Delizia › Valvasone › Provesano › Spilimbergo › San Daniele del Friuli › Castello di Colloredo di Monte Albano › Gemona del Friuli › Venzone › Tolmezzo

ausgestaltete Wohnburg des Friaul wurde durch das letzte Erdbeben stark beschädigt und ist bis auf Weiteres nur von außen zu besichtigen. Da tröstet ein Mahl im Ristorante **La Taverna** ●●● in der Schloss-Orangerie (Piazza Castello 2, Tel. 04 32 88 90 45, www.ristorantela taverna.it, So Abend, Mi geschl.).

Sowohl **Gemona del Friuli** (11 400 Einw.), in Hanglage über dem Tagliamento, als auch das 8 km entfernte **Venzone** im Tal lagen dem Epizentrum des Erdbebens von 1976 am nächsten und wurden fast völlig zerstört, aber schön wieder aufgebaut. **Gemona** war immer der bedeutendere Ort. Das bezeugt schon der mächtige, romanisch-gotische Dom (1290–1337), dessen Fassade ein eigenwilliges Bildwerk ziert: eine Statuengalerie mit einer thronenden Madonna, flankiert von den Heiligen Drei Königen. Ungewöhnlich ist die 7 m hohe Riesenfigur des hl. Christophorus, interessant die Krypta, zwei unterirdische Kapellenräume mit gotischem *Kreuzigungsfresko (14. Jh.).

Fast die gesamte Altstadt von *Venzone (2500 Einw.) wurde 1976 durch Erdstöße in Trümmer gelegt. Den alten Ortskern um die Piazza hat man mit besonderer Sorgfalt rekonstruiert. Der Dom wurde aus dem originalen Steinmaterial wieder aufgebaut. In der **Locanda al Municipio** ●● (Via Glizoio di Mels 2, Tel. 04 32 98 58 01) können Sie Risotto mit frischen Wiesenkräutern probieren. Endpunkt der Tour ist **Tolmezzo** › S. 132 im Herzen der karnischen Alpen.

Von Treviso zum Dolomitenrand

Tour-Übersicht:

Verlauf: Treviso › Conegliano › Valdobbiadene › Feltre › Belluno › Nationalpark Dolomiti Bellunesi › La Stanga › Belluno

Dauer: 195 km; 1–2 Tage
Praktische Hinweise:
- Mit öffentlichen Verkehrsmitteln können Sie nur der Hauptroute folgen. Für Abstecher und eine Fahrt in die Dolomiten benötigen Sie ein Fahrzeug.
- Empfehlenswert ist ein Übernachtungsstopp, z. B. in Belluno.

Tour-Start:

*Treviso › S. 133, die kleinste Provinzhauptstadt des Veneto, ist Ausgangspunkt für eine Tour in die Prosecco-Hügel. Nordwärts fahrend ist bald **Conegliano** › S. 135 erreicht, wo die *Strada del Prosecco auf einer Länge von 42 km zu hübschen Dörfern und Weingütern (www. coneglianovaldobbiadene.it) führt: Am Weg liegen einladende Osterie wie die **Locanda da Condo** ●● in **Farra di Soligo** (Tel. 04 38 89 81 06, www.locandadacondo.it) und die **Osteria Al Caminetto** ●● in **Follina** mit sehr guter Weinauswahl (Tel. 04 38 97 04 02, www.alcaminetto follina.it). Sehenswert ist hier auch die romanische *Abtei.

Die Region des edleren Bruders des Prosecco, des Cartizze › S. 134, liegt bei **Santo Stefano** und **San Pie-**

tro di Barbozza. In Santo Stefano lassen sich bester Prosecco und Cartizze bei den Produzenten Desiderio Bisol (www.bisol.it) und Ca' Salina (www.casalinaprosecco.it) verkosten und kaufen. Mittelpunkt der Anbauregion ist **Valdobbiadene** (11 000 Einw.), das nach der Zerstörung seines Zentrums im Ersten Weltkrieg nicht mehr viel Historisches zu bieten hat.

Vom lieblichen Weinhügelland zu den schroffen Felszacken der Dolomiten führt die Tour über *Feltre › S. 135 und Belluno › S. 137. Nach der Besichtigung der beiden Städte empfiehlt sich ein Abstecher (rund 100 km) in die Hochgebirgslandschaft zu Füßen von ***Marmolada** (3342 m), ***Civetta** und ***Pelmo** (3168 m), die seit 2009 zusammen mit Teilen der friulischen und Südtiroler Dolomiten UNESCO-Weltnaturerbe sind. Er führt auf der SR203 durch den ***Nationalpark Dolomiti Bellunesi** › S. 138 und das Agordino. Im Örtchen **La Stanga** lädt das rustikale Ristorante **Alla Stanga** ●● (Via La Stanga 24, Tel. 04 37 87 611, www. ristoranteallastanga.it) mit Wildgerichten zur Rast. Nach Passieren von **Agordo** und **Alleghe** befinden Sie sich in **Laste di Sopra** (1400 m) im Herzen der Region, flankiert vom Monte Pelmo im Osten und der majestätischen Marmolada im Westen. Über den kurvenreichen **Colle Santa Lucia** und **Selva di Cadore** geht es durch das malerische **Zoldotal** zurück nach Süden, bis man über **Longarone** schließlich wieder **Belluno** erreicht.

Tour in die Dolomiten

Tour 13

Von Treviso zum Dolomitenrand

Treviso › Conegliano › Valdobbiadene › Feltre › Belluno › Nationalpark Dolomiti Bellunesi › Vittorio Veneto › La Stanga › Belluno

Triest für Krimileser

Tour-Übersicht:

Verlauf: Piazza Oberdan › Via San Lazzaro › Piazza San Giovanni › Via San Nicolo › Via del Teatro Romano › Piazza dell´Unita › Via Diaz › Citta Vecchia › Pescheria

Dauer: 2,5 km; 2–3 Std.
Praktische Hinweise:
▪ Für das Abendessen im »Scabar« sollten Sie auf jeden Fall reservieren.

Tour-Start:

Triest ist Schauplatz der Kriminalromane von Veit Heinichen, in deren Zentrum Commissario Proteo Laurenti steht. Die Fälle des sympathischen Kommissars spiegeln treffend Geschichte und Realität der Vielvölkerstadt Triest und ihres Umlands wider. Bei der Lektüre der Krimis wie auch beim Rundgang auf den Spuren Laurentis › Karte S. 119 lernen wir zweierlei: dass Triest ausgesprochen vielschichtig und Laurenti ein Genussmensch ist.

An der **Piazza Oberdan** startet die blaue Standseilbahn nach Opicina › S. 110. Commissario Laurenti würde hier – Arbeit hin oder her – flugs einen Abstecher in den Vorort an der Karstkante unternehmen, um in der **Pasticceria Saint Honoré** süße Köstlichkeiten für seine Lieben zu besorgen. Wir aber heben uns diesen Ausflug für eine andere Gelegenheit auf und folgen der Via

G. Carducci zur **Via San Lazzaro,** wo in der Trattoria **Da Giovanni** (Nr. 14, Tel. 0 40 63 93 96, www.trattoriada giovanni.com, So geschl.), einer der Lieblingskneipen des Commissario, die erste Rast ansteht: *fritto misto, sardoni marinati* oder *prosciutto arrosto?* Wer hier wählen muss, leidet tatsächlich Qualen. Nur wenige Schritte weiter wirbelt Walter Cusmich in seiner berühmten Weinbar **Gran Malabar** (Piazza San Giovanni 6, Tel. 040 63 62 26). Laurenti tröstet sich bei seinem Freund Walter gerne mit einem Gläschen Wein über dienstlichen und privaten Ärger hinweg. Cusmichs Angebot umfasst eine erstaunliche Vielfalt regionaler Qualitätsweine, die er auch glasweise ausschenkt.

Vorbei an der neoklassizistischen **Chiesa di S. Antonio Nuovo** › S. 121 und an **San Spiridone** › S. 121, die als Gotteshaus der serbisch-orthodoxen Gemeinde in fast jedem Laurenti-Krimi eine Rolle spielt, ist in der Via San Nicolo ein Abstecher in die Literatur angesagt: Nostalgie pur vermittelt die altehrwürdige **Libreria Umberto Saba** (Via San Nicolo 30, www.libreriasaba.it, Mo geschl.), die der von Commissario Laurenti verehrte Triestiner Lyriker Umberto Saba (1883–1957) 1919 übernahm und mit Unterbrechung bis 1957 führte. Sabas **Bronzeskulptur** eine Ecke weiter erinnert an den großen Sohn der Stadt. Was es mit dessen Pfeife auf sich hat, ist in Heinichens »Totentanz« nachzulesen.

Die faschistische Protzarchitektur der **Questura** jenseits des Corso Italia und gegenüber dem ***Teatro**

Spielt auch in den Laurenti-Romanen eine tragende Rolle: das Grand Hotel Duchi d'Aosta

Romano › S. 120 ist unübersehbar. Der Commissario hätte sich sicherlich einen schöneren Arbeitsplatz gewünscht – aber immerhin blickt er von seinem Büro aufs römische Theater, und die Antiquitätenläden des ehemaligen **Gettos** sind gleich um die Ecke (Via Rettorl, Via delle Beccherie). Laurenti liebt es, hier herumzustöbern.

Das **Grand Hotel Duchi d'Aosta** › S. 121 an der **Piazza dell'Unita** ist Triests erste Adresse und somit das Quartier, in dem Laurenti prominente Besucher unterbringt. Da der Commissario und mehr noch seine Gattin sehr kunstsinnig sind, wird das Paar regelmäßig zu Vernissagen der nahen **Galleria Lipanje Puntin** (Via Diaz 4, www.lipanjepuntin. com) eingeladen. Die Ausstellungen zeitgenössischer Kunst lohnen unbedingt einen Besuch – vielleicht werden gerade Werke des Triestiner Künstlers Serse gezeigt.

Noch vor wenigen Jahren war die **Città Vecchia** eine von Verfall und Armut gezeichnete Ecke Triests; nun ist sie als Fußgängerzone mit Boutiquen und Restaurants belebt. Proteo Laurenti schätzt für den Mittagstisch die **Antica Ghiacceretta** ●● wegen ihrer kreativ verfeinerten Karstküche (Via delli Fornelli 2, Tel. 04 03 22 03 07, http://anticaghiacceretta.com).

Die Verlegung der **Pescheria,** des lebhaften Fischmarkts am Molo Pescheria, in den neuen Hafen, hat der Commissario stets bedauert; nun ist er hoffentlich mit dem schicken Ausstellungsraum **Salone degli Incanti** getröstet, in dem wechselnde Themenausstellungen stattfinden. Ein Besuch im kulinarischen Himmel von Laurentis Lieblingsrestaurant **Scabar** › S. 122 sollte auf jeden Fall den Abschluss einer Laurenti-Tour durch Triest bilden – vielleicht begegnen Sie dem Schöpfer des Commissario dort persönlich!

Verkehrsmittel

Die italienische **Bahn** (www.trenitalia. com) und **Busse** der SAF (www.saf.ud. it) verbinden die größeren Orte miteinander. Ein eigenes Fahrzeug ist für Abstecher wie eine Tour entlang der Prosecco-Weinstraße oder durch den Triestiner Karst hilfreich.

Unterwegs in der Region

10 ****Triest** **1**

Von der imposanten Wasserfront am azurblauen Golf steigt die Stadt (205 000 Einw.) steil auf zu den weißen Felsen der Karstberge. Aufgrund seiner geografischen Lage seit Jahrhunderten Schmelztiegel verschiedener Völker und Kulturen, liegt Triests besonderer Reiz aber nicht zuletzt in der faszinierenden multikulturellen Atmosphäre.

Der alte Name der Stadt, Tergeste, stammt aus vorrömischer Zeit. Unter Kaiser Augustus wuchs der Ort den Hang hinunter bis zum Hafen. Nach wechselnder Herrschaft von Byzantinern, Goten, Langobarden, Franken und einer kurzen Epoche als freie Stadt unterstellte sich Triest 1382 der Herrschaft der Habsburger, um Venedigs Machtanspruch zu entgehen.

Der kometengleiche Aufstieg begann 1719 mit der Ernennung zum Freihafen. Unternehmungslustige strömten aus allen Himmelsrichtungen in die Stadt, die zu einem typischen Produkt des Vielvölkerstaats der Donaumonarchie wurde

Tour in Triest

Tour **14**

Triest für Krimileser

- **A** Piazza dell'Unità
- **B** Santa Maria Maggiore
- **C** Kathedrale San Giusto
- **D** Museo di Storia ed Arte
- **E** Kastell
- **F** Teatro Romano
- **G** Sant'Antonio Nuovo
- **H** Palazzo Carciotti
- **I** Piazza della Borsa
- **J** Piazza Hortis
- **K** Palazzo Revoltella

Beliebter Treffpunkt der Triestiner: die schöne Piazza dell'Unità

und im 19. Jh. ihre größte Blütezeit als Handelszentrum erlebte.

Die Vereinigung mit Italien 1918 rückte die Stadt aus der Mitte in eine Randlage, erst recht die Folgen des Zweiten Weltkriegs, als Triest mit Istrien sein Hinterland an Jugoslawien verlor. Nach dem Zerfall des sozialistischen Nachbarstaats und dem EU-Beitritt Sloweniens 2004 öffneten sich für Triest die Grenzen; Hafen und Wirtschaft erlebten einen Aufschwung.

Piazza dell'Unità Ⓐ

Die zum Meer hin geöffnete Piazza säumen das prunkvolle Rathaus, der **Palazzo Comunale** (1875), die **Casa Stratti** an der Nordseite mit dem legendären, 1839 eröffneten ***Caffè degli Specchi,** der mit Mosaiken geschmückte **Palazzo del Governo** an der Hafenseite (1905) und der Palazzo des **Lloyd Triestino** (errichtet 1880–1883), ein Gebäude des Wiener Ringstraßenarchitekten Heinrich Ferstel. Auf dem **Molo Audace**

vor der Piazza gehen die Triestiner gerne spazieren. Die im Boden eingravierte Windrose benennt die hier vorherrschenden Winde.

Zum Colle San Giusto

Ein Treppensteig führt von der Via del Teatro Romano zur barocken Kirche **Santa Maria Maggiore** Ⓑ und zur kleinen mittelalterlichen Backsteinkirche **San Silvestro** hinauf, seit Ende des 18. Jhs. Sitz der Waldenser-Gemeinde. Nahebei versteckt sich der römische Torbogen Arco di Riccardo (1. Jh.) im Gewirr der Altstadtgassen Auf der Kuppe des **Colle di San Giusto** steht als ältestes erhaltenes Denkmal der Stadtgeschichte die Ruine der römischen Forumsbasilika.

Die ***Kathedrale San Giusto** Ⓒ ist ein hochinteressantes Konglomerat von Bauelementen verschiedener Epochen. Römische Versatzstücke und eine byzantinische Madonna schmücken den Campanile, und römische Grabsteine rahmen das

Die Kirche Sant'Antonio Nuovo am Canal Grande

Portal der Westfassade mit dem schönen gotischen Radfenster. Der asymmetrische fünfschiffige Raum entstand im 14. Jh. durch die Verbindung der romanischen Basiliken Santa Maria Assunta und San Giusto zu einem Gebäude. Beachtenswert: die *Kapitelle aus dem 11. Jh. und das *Mosaik mit dem byzantinischen Madonnenbild in der linken Seitenapsis (um 1200).

Die Via della Cattedrale führt hinunter zum **Museo di Storia ed Arte** mit dem romantischen *Lapidarium *(Orto lapidario),* das Grabinschriften und Architekturfragmente aus den Gebieten um Triest, Aquileia und Istrien ausstellt (Di–So 10–17 Uhr, www.museo storiaeartetrieste.it).

Den Hügel krönt das wuchtige, im 14. Jh. von den Venezianern erbaute **Kastell** . Herrlich ist der Panoramablick über die Stadt (tgl. 9 Uhr bis Sonnenuntergang, www. castellodisangiustotrieste.it).

Über den Parco della Rimembranza gelangt man hügelabwärts zum *Teatro Romano . Das mit seinem Sitzrund in den Hang gebettete antike Theater (um 100 n. Chr.) bot 6000 Zuschauern Platz und freien Blick auf das Meer. Das Terrain von hier bis zum Hafen wurde erst in späterer Zeit aufgeschüttet.

*Borgo Teresiano

Das neue Stadtviertel des Handels und der Schifffahrt entstand auf Anordnung Kaiserin Maria Theresias im 19. Jh. als Schachbrettanlage über trockengelegten Salinen um die Achse des kurzen Canal Grande. Heute ist das Borgo eines der angesagten Shoppingviertel Triests. Eine nostalgische Institution ist hier die **Pasticceria La Bomboniera** mit original erhaltener Innenausstattung im Stile Liberty (Via XXX Ottobre 3), wo es typisch triestinischen dolci mitteleuropei gibt: *strudel, krapfen* und *chiffeletti* (Kipferl).

Erst-!
klassig

Der Canal Grande endete einst direkt vor der Kirche **Sant'Antonio Nuovo** , einem kühlen klassizistischen Pantheon (1825–1849). Der neo-byzantinische Kuppelbau an der Piazza Sant'Antonio mit glänzenden Mosaiken an der Fassade ist die Kirche **San Spiridone** (1869) der serbisch-orthodoxen Gemeinde.

An der Ecke zum Hafen liegt der riesige **Palazzo Carciotti** , von 1798 bis 1805 vom bedeutendsten Architekten des Triestiner Klassizismus, Matthäus Pertsch, erbaut.

Rund um die *Piazza della Borsa

Die **Borsa Vecchia** (1806–1809), halb dorischer Tempel, halb römischer Triumphbogen, und das **Teatro Verdi** (1801), die Oper, werden durch die **Galleria Tergesteo** (1804), eine überdachte Passage mit Läden und Café, miteinander verbunden. Hier traf sich im 19. Jh. »tout Triest«. Anfang des 21. Jhs. wurde der Bau umfassend modernisiert.

Klassizistisch ist auch die Zweiturmfassade von **San Niccolò dei Greci** (1782–1821), der Kirche der griechisch-orthodoxen Gemeinde. Für eine kurze Verschnaufpause bietet sich das elegante, stuckverzierte **Caffè Tommaseo** (seit 1830) an der Piazza Tommaseo an.

Altstadtgassen und Kaufmannspaläste

Das älteste Stadtviertel Triests, **Città Vecchia,** erfuhr in den letzten Jahren eine Wiederbelebung und avancierte zum Szeneviertel. Am Rand der Altstadt verläuft die Via Cavana mit kleinen Läden, Kneipen und ein paar Antiquariaten. Sie endet an der **Piazza Hortis** , einem grünen Platz mit der **Biblioteca Civica** und einem kombinierten **Italo Svevo-** und **James Joyce-Museum,** auf das Svevos Bronzestatue am Platz aufmerksam macht. Die Schriftsteller lebten Anfang des 20. Jhs. in Triest; Dokumente beleuchten das Leben der beiden Autoren (Mo–Sa 9–13, Do auch 15–19 Uhr).

Eine Ecke weiter wird es herrschaftlich. Zwei frühere Kaufmannspaläste bilden den ****Palazzo Revoltella** mit einem der bedeutendsten italienischen Museen für zeitgenössische Kunst. Die Raumfluchten dokumentieren mit großbürgerlichem Mobiliar das Leben Mitte des 19. Jhs. (Via Diaz 27, Mo, Mi–So 10–19 Uhr, www.museorevoltella.it). Um die Ecke gibt es im Fischgeschäft und -imbiss **SaluMare** ● ein preisgünstiges Fischmenü mit Weißwein (Via Cavana 13/A, Tel. 04 03 22 97 43, www.salumare.com).

Erst- klassig

Info

APT
▪ Via dell'Orologio 1/Piazza dell'Unità
▪ 34121 Triest
▪ Tel. 04 03 47 83 12
▪ www.triestetourism.it

Hotels

Grand Hotel Duchi d'Aosta ●●●
Aufwendig renovierter Stadtpalast des 19. Jhs. an der Piazza Unità; die Zimmer verbreiten aristokratisches Flair, ein feiner Wellnessbereich sorgt für das Wohlbefinden der Gäste. Die Dependance **Vis à Vis** kontrastiert mit kühler Eleganz.

- Piazza Unità d'Italia 2
- Tel. 04 07 60 00 11
- www.grandhotelduchidaosta.com
- www.hotelvisavis.net

Riviera e Maximilian's ●●
Von viel Grün umgebenes Hotel in herrlicher Lage steil über dem Meer. Lift zum Strand, hoteleigene Beach Lounge.
- Strada Costiera 22
- Tel. 040 22 45 51
- www.hotelrivieraemaximilian.com

L'Albero Nascosto ●—●●
10 individuell gestaltete Zimmer mit Holzböden im Herzen der Altstadt.
- Via Felice Venezian 18
- Tel. 040 30 01 88
- www.alberonascosto.it

Ostello Tergeste ●
Es gibt wohl wenige Jugendherbergen in so fantastischer Lage am Meer.

- Viale Miramare 331
- Tel. 040 22 41 02
- www.ostellotrieste.135.it

Restaurants

Harry's Grill ●●●
Seit 2010 bereitet Massimo Sperli im Traditionsrestaurant des Grand Hotel Duchi d'Aosta auf höchstem Niveau international verfeinerte, traditionelle Gerichte zu.
- Piazza Unita 2/1
- Tel. 04 07 60 00 11

Scabar ●●●
Feinschmecker haben die Qual der Wahl, denn die Geschwister Scabar sind Virtuosen der Kochkunst: Ami setzt auf fangfrischen Fisch aus heimischen Gewässern und Meeresfrüchte, und auf eine Küche, die kreativ-genial Slowenien und Italien vermählt. Unbedingt Trilogia di Baccala probieren! Mo geschl. **Erst-klassig**
- Erta di Sant'Anna 63
- Tel. 040 81 03 68
- www.scabar.it

Vittorio Veneto ●—●●
Früher als »Mario's Bar« bekannt, bietet das Lokal unprätentiöse, gute Küche, die preiswert ist und satt macht; im Sommer Tische auf der Piazza.
- Piazza Vittorio Veneto 3
- Tel. 04 03 48 02 16

L'Osmiza di Cavana ●
In dem rustikal-urig eingerichteten Lokal gibt es Schinken, Würste, Terrano-Wein und ein bisschen die Atmosphäre einer echten *osmiza*.
- Via della Torretta
- Tel. 04 03 22 02 62
- www.robadeosmiza.com

Shopping

Podrecca

Seit 1870 werden hier Haushaltswaren verkauft. Interessant ist das Sortiment an Keramik mit traditionellem Dekor.
- Via Mazzini 42
- Tel. 040 63 60 90

Nightlife

Bar Unità

Beliebte *aperitivo*-Adresse. Viele junge Leute, Drinks, Snacks und gelegentlich Musik auf der Piazza.
- Piazza dell'Unità
- Tel. 040 36 80 33

Naima Jazz-Caffe

Montag bis Samstag Jazz, oft live. Gute Cocktails.
- Via Domenico Rossetti 6 c
- Tel. 040 66 26 86

Ausflüge von **Triest**

Muggia 2

Die venezianische Vergangenheit des 10 km südlich von Triest gelegenen Fischerorts bezeugen die Rathausloggia mit dem Markuslöwen und die marmorne Domfassade (15. Jh.). Beliebt für Hochzeiten ist die in der Altstadt gelegene Kirche *Santa Maria Assunta (11./12. Jh.).

Restaurant

La Terrazza ●

Das Restaurant der Fischerkooperative serviert Fangfrisches aus dem Meer, ohne Schnickschnack, aber gekonnt zubereitet.
- 34015 Muggia
- Molo Colombo
- Tel. 040 27 53 31
- www.ittiturismomuggia.com

Auf Schloss Miramare war auch Kaiserin Sissi wiederholt zu Besuch

**Miramare 3

Mit dem Märchenschloss **Castello di Miramare** verbindet sich die unglückliche Geschichte des Erzherzogs Maximilian, eines Bruders von Kaiser Franz Joseph. Der wirklichkeitsfremde Maximilian ließ sich 1864 zum Kaiser von Mexiko ausrufen und wurde dort drei Jahre später von Aufständischen erschossen.

Schon 1856 hatte Maximilian mit dem Bau eines würdigen Wohnsitzes für seine Königsträume begonnen. Fertiggestellt wurde das Schloss erst 1870, drei Jahre nach seinem Tod. Bis heute ist die gesamte Innenausstattung erhalten. Im Schloss werden wechselnde Kunstausstellungen gezeigt. Wunderschön ist der auf Terrassen angelegte Park mit exotischen Bäumen (Schloss tgl. 9–19, Park April–Aug. 8–19 Uhr, restliche Zeit des Jahres kürzer, www.castello-miramare.it).

Felsküste bei Duino mit den Ruinen des Castello Vecchio

★★Duino 4

Lange war das seit dem 14. Jh. do-kumentierte Schloss Duino als Be-sitz der Fürstenfamilie Thurn und Taxis nicht zu besichtigen. Heute können Besucher das Schloss, sei-nen weitläufigen Park und die Rui-ne einer 1139 vom Patriarchen von Aquileia erbauten Felsenburg (Cas-tello Vecchio) durchstreifen und die spektakulären Meerespanoramen genießen, die Rainer Maria Rilke 1911/12 zu den ersten beiden Dui-neser Elegien inspirierten. Das Ar-beitszimmer des Dichters ist ebenso zugänglich wie 18 weitere, mit Ori-ginalmobiliar ausgestattete Räume, eine von Palladio entworfene Trep-pe und das Pianoforte, auf dem Franz Liszt 1810 spielte. Im Schloss zu Gast waren auch Johann Strauss, Mark Twain und Gabriele d'Annun-zio (April–20. Okt. Mi–Mo 9.30 bis 17.30, 20. Okt–3. Nov. 9.30–16 Uhr, http://castellodiduino.it).

★Gorizia/Görz 5

Die im 12. Jh. gegründete italie-nisch-österreichisch-slowenische Stadt (36 000 Einw.) hat ein schwie-riges historisches Erbe. Der Grenz-stadt-Status bestimmte und belaste-te ihr Schicksal ähnlich wie das von Triest. Bis heute ist die Stadt geteilt. Auf der italienischen Seite liegt der größte Teil mit der Altstadt, jenseits der Bahnlinie das slowenische Nova Gorica. Trotz Kriegsschäden hat Görz viel von seinem K. u. k.-Char-me bewahrt.

★Oberstadt

Zentrum von Görz ist die in den 1930er-Jahren rekonstruierte Burg auf dem 150 m hohen **Borgo Castel-lo,** zu dem ein Fußweg durch den Stadtpark hinaufführt. Ein Besuch des **★Castello** mit seinen historisch möblierten Zimmerfluchten lohnt schon wegen der **★Aussicht.** Das

Museo della Grande Guerra zeigt eine Dokumentation der Isonzo-Schlachten (Di–So 10–19 Uhr).

Unterstadt

Der Viale G. d'Annunzio führt vom Castello zur **Piazza Cavour,** dem Marktplatz, der sich seit dem Mittelalter am Fuß des Burgbergs entwickelte. Von dort gelangt man auf der Via Rastello, der Hauptstraße des mittelalterlichen Görz, zur **Piazza della Vittoria,** die lange der große Markt-, Fest- und Paradeplatz der Stadt war. Er wird dominiert von der großen barocken Jesuitenkirche ***Sant'Ignazio** (1654–1724).

Weiter nach Norden geht es durch die Via Carducci mit schönen Bürgerhäusern zur **Piazza Amicis** mit dem **Palazzo Attems-Petzenstein.** Links am Palast vorbei gelangt man ins ehemalige jüdische Getto (Via Ascoli) mit einer **Synagoge** aus dem 18. Jh. Im Erdgeschoss dokumentiert das **Museo Ebraico** die Geschichte des Judentums und der Diaspora (Di, Do 17–19 Uhr).

Info

Turismo FVG
- 34170 Gorizia
- Corso Italia 9
- Tel. 04 81 53 57 64
- www.turismofvg.it

Hotel

Internazionale ●●
Zentral gelegenes, ansprechendes Hotel mit Pool, Sauna und netter Weinstube.
- Viale Trieste 173
- Tel. 04 81 52 41 80
- www.hotelinternazionalegorizia.it

Restaurants

Alla Luna ●●
Traditionelle Küche Friauls und Sloweniens. Gute Auswahl an lokalen Weinen. So abends und Mo geschl.
- Via G. Oberdan 13
- Tel. 04 81 53 03 74

Rosenbar ●●
Die älteste Osteria von Görz mit hervorragender Fischküche und der lokalen Spezialität, *radicchio di Gorizia,* der Görzer Rose. So und Mo geschl.
- Via Duca d'Aosta 96
- Tel. 04 81 52 27 00
- www.rosenbar.it

Ausflug nach **Slowenien**

Im Weinbaugebiet ***Goriška Brda** setzt sich das Collio nach Osten, auf slowenischem Staatsgebiet, fort. Hier sind die Hügel deutlich steiler als im Friaul; kühn ziehen die Winzer ihre Rebstöcke in Kreisen oder Reihen um die Kuppen. Angebaut werden vor allem Sivi Pinot (Pinot Grigio), Refošk (Refosco) und Tokajer, der hier Sauvignonasse heißt. Über **San Floriano del Collio** › S. 108 passieren Sie die Grenze und erreichen bergauf, bergab ein paar Kilometer weiter **Gonjače** 🄆, wo es nach links in Richtung Šmartno und Dobrovo weitergeht.

Obwohl das Meer ein gutes Stück entfernt ist, liegt über den Hügeln der Brda und ihren steinernen, alten Häusern und Kirchen mediterranes Flair. Das um 1600 erbaute ***Renaissanceschloss Dobrovo** ist wunderbar erhalten und beherbergt zudem eine gut sortierte Vinothek (www.

vinotekabrda.si). Einkehren und Wein sowie Schinken oder Würste verkosten kann man auch im Weingut Belica (Medana 32, Dobrovo, Tel. 0 03 86 53 04 21 04). In Medana **7** geht es schließlich über die Grenze zurück nach Italien.

Cormons **8**

Dass Cormons (7700 Einw.) seit dem 12. Jh. der Grafschaft Görz angegliedert und von 1497 bis 1918 österreichisch war, lässt sich an den barocken Turmhauben der 1779 geweihten Kirche Rosa Mistica erkennen. Das Zentrum des Collio-Weinbaugebiets präsentiert seine hervorragenden Weine in der ***Enoteca regionale** am hübschen Hauptplatz, der Piazza XXIV Maggio (www.enotecacormons.it). Stolz ist man in Cormons auch auf zwei weitere kulinarische Spezialitäten: die Dolci von Chiarosa und den fein geräucherten Prosciutto d'Osvaldo.

Info

IAT
▌ 34071 Cormons
▌ Via Matteotti 24
▌ Tel. 04 81 63 93 34
▌ www.cormons.info

Hotel

Agriturismo La Subida ●●—●●●
Das Anwesen besteht aus mehreren Häusern mit geschmackvoll möblierten, komfortablen Apartments; Gäste haben die Wahl zwischen traditionellem Stil und den klaren Linien modernen Designs. Reitmöglichkeiten, Tennisplatz, Kinderspielplatz und hauseigene Trattoria.

Erst-klassig

▌ Loc. Monte 22
▌ Tel. 048 16 05 31
▌ www.lasubida.it

Restaurants

Al Cacciatore ●●—●●●
Wo zwei Kulturen aufeinandertreffen, wird bestens gekocht, so auch in diesem italienisch-slowenischen Familienbetrieb. Jeder Gang ist hier ein Fest der Sinne! Di und Mi geschl.
▌ Im Agriturismo La Subida

Erst-klassig

Al Giardinetto ●●
Friulanische Küche für Feinschmecker; die Gäste kommen von weit her. Unbedingt reservieren! Mo, Di geschl.
▌ Via G. Matteotti 54
▌ Tel. 048 16 02 57

Shopping

Pasticceria Chiarosa
Lassen Sie sich von *zimui* oder *friulini* verführen – seit über 100 Jahren hütet man hier die besten Rezepte.
▌ Via Gorizia 7
▌ www.chiarosa.it

Alimentari Tomadin
Hier können Sie den berühmten Prosciutto d'Osvaldo aus Cormons in kleinen Mengen kaufen, ebenso weitere Spezialitäten der Region.
▌ Via C. Cumano 53

Erst-klassig

Ausflug ins Collio

Im Top-Weinbaugebiet des Friaul, dessen östlicher Teil zu Slowenien gehört und dort Brda heißt › **S. 125**, gedeihen vor allem Weißweine. Die hügelige Landschaft mit ihren akkuraten Weinpflanzungen und den

Tor zu Cividale: die Teufelsbrücke über die Natisone-Schlucht

dazwischen herauslugenden Weingütern lässt sich auf einem Tagesausflug wunderbar, auch kulinarisch, erkunden › Tour ⑩, S. 108.

*Cividale del Friuli ⑨

Die interessante Langobardenstadt (11 000 Einw.), deren Panorama sich jenseits des 22 m hohen, mittelalterlichen **Ponte del Diavolo** (Teufelsbrücke) über der Natisone-Schlucht aufbaut, hat heute etwas von einer geschlossenen Festung. Die Campanili ragen wie Wehrtürme über den Altstadthäusern auf, und die alten engen Gassen, die hier *strette* heißen (von *stretto* – eng), liegen in tiefen Mauerschatten.

Vom römischen Forum Julii, dem die Stadt ihre Gründung durch Julius Caesar verdankt, leitet sich der Name der Region, Friuli, ab, und von dem langobardischen Civitas Forum Julii der heutige Name der Stadt. Den Langobarden, die sie

568 zur ersten Hauptstadt ihres oberitalienischen Reiches machten, verdankt sie ihren Ruhm. 737 verlegten die Patriarchen des zerstörten Aquileia ihren Sitz nach Cividale und residierten bis 1238 hier.

*Tempietto Longobardo wird das kleine Oratorium von Santa Maria della Valle über einem Felshang am Natisone genannt, das alle Erdbeben überlebte (April–Sept. Mo–Fr 10–13, 15.30–18, Sa, So 10–18, Okt.–März Mo–Fr 10–13, Sa, So 10–16 Uhr, www.tempiettolongobardo.it). Das Innere des Tempelchens gehört zu den eindrucksvollsten Räumen des frühen Mittelalters. Über sein exaktes Alter – 8. oder 9. Jh., langobardisch oder karolingisch – streiten die Gelehrten bis heute. Ungewöhnlich sind die bemalten Stuckreliefs der Westwand. Mehr über die Langobarden erfährt man im ***Museo Archeologico** am Domplatz mit reichen Gräberfunden (Mo 9–14, Di–So 8.30–19.30 Uhr). Langobardenkunst präsentiert das ***Museo Christiano** des Doms: das achteckige ***Taufbecken** des Patriarchen Calixtus (737–756) mit Säulenbaldachin sowie den vom gleichnamigen Langobardenkönig gestifteten ***Ratchis-Altar** mit Figurenreliefs (Mi–So 10–13, 15–18 Uhr, www.mucris.it).

Info

APT
▪ 33043 Cividale del Friuli
▪ Piazza Paolo Diacono 10
▪ Tel. 04 32 71 04 60
▪ www.cividale.com

Hotel

Locanda al Castello ●●
Romantisches Schlosshotel mit schönem Wellnessbereich in Hügellage.
▪ Via del Castello 12
▪ Tel. 04 32 73 32 42
▪ www.alcastello.net

Restaurant

Al Monastero ●●
Idyllisch dinieren in einem ehemaligen Kloster, z.B. Strudel mit Montasio-Käse. So abends und Mo geschl.
▪ Via Ristori 9
▪ Tel. 04 32 70 08 08
▪ www.almonastero.com

Shopping

Bottega Longobarda
Hier erhält man schönen Schmuck nach langobardischen Vorbildern.
▪ Via Monastero Maggiore 22
▪ www.bottegalongobarda.com

*Udine ⑩

Udine (96 500 Einw.) galt schon immer als die »venezianische« unter den Städten Friauls, nicht nur wegen der zentralen Piazza della Libertà mit ihren Markusplatz-Zitaten, sondern auch wegen des pulsierenden Lebens auf den Straßen.

Die Entwicklung der Stadt erfolgte im Mittelalter nach Verlegung der Residenz der Patriarchen von Aquileia und des Parlaments der »Patria del Friuli« von Cividale auf den Hügel von Udine 1223. 1420 kapitulierte Udine vor Venedigs Truppen und blieb bis zum Einmarsch Napoleons 1797 Teil der Markusrepublik.

Ein Gesamtkunstwerk: die Piazza della Libertà in Udine

*Piazza della Libertà

Der wie ein kostbarer Schrein in den Platz hineinragende Kommunalpalast ***Loggia del Lionello** (1448–1456) ist ein Meisterwerk der venezianischen Spätgotik. Gegenüber liegt der ***Porticato San Giovanni**, eine lang gestreckte Loggia (1532) mit einer Kuppelkapelle, hinter der ein Uhrturm (1527) aufragt. Barocke Statuen, zwei Säulen, eine davon mit dem Markuslöwen, und ein Brunnen von 1542 dekorieren die Piazza.

Castello-Hügel

Durch ein Palladio-Tor (1556) steigt man an spätgotischen Arkaden entlang hinauf zum **Castello,** wo in einem nach dem großen Erdbeben von 1511 errichteten Bau bis 1797 die venezianischen Statthalter residierten. Im Piano Nobile ist der Parlamentssaal mit Fresken von Gio-

vanni da Udine (1560) zu besichtigen. Die **Musei Civici** im Castello beherbergen u. a. eine *Gemäldegalerie mit Werken friulischer und venezianischer Meister von Carpaccio bis Tiepolo (Mai–Sept. Di–So 10.30–19, Okt.–April bis 17 Uhr).

Die Kirche **Santa Maria di Castello,** die älteste Pfarrkirche Udines, geht auf das 6. Jh. zurück. Der große Erzengel, der als Windfahne den Glockenturm bekrönt, ist das Wahrzeichen der Stadt.

*Palazzo Arcivescovile

In der Erzbischöflichen Residenz an der Piazza Patriarcato können Sie die restaurierten ****Freskenzyklen** von Giovanni Battista Tiepolo bewundern: Das Deckenbild des *Treppenhauses (1726), die alttestamentarischen Szenen der ****Galleria** (1727–1728) und an der Decke der ***Sala Rossa** (um 1730) beweisen

Tiepolos virtuose Inszenierungskunst (Mi–So 10–13, 15–18 Uhr, www.musdioc-tiepolo.it).

Rund um den Dom

Ein weiteres Frühwerk Tiepolos enthält der mächtige **Dom** (13. Jh.) mit der Ausmalung der *Cappella del Sacramento (1726) hinter der Kanzel (Mo–Sa 10–12, 16–18, So 16–18 Uhr). Im *Oratorio della Purità (18. Jh.) an der Südseite des Doms hat Tiepolo ein Deckenfresko, die *Himmelfahrt Mariens (1759), von unbeschreiblich transparenter Farbigkeit hinterlassen (Schlüssel beim Küster erhältlich).

Im Marktviertel

Stimmungsvoll ist die *Piazza Matteotti mit einem Ensemble ockerfarbener historischer Häuser mit Laubengängen und dem malerischen Fassadenbild der Kirche San Giacomo (16. Jh.). In der Via Grazzano präsentiert das *Museo Etnografico del Friuli im Palazzo Giacomelli friulische Volkskultur in einer modern konzipierten Ausstellung (Mai–Sept. Di–So 10.30–19, Okt. bis April 10.30–17 Uhr).

Info

Puntoinforma
▪ 33100 Udine
▪ Palazzo Morpurgo | Via Savorgnana 12
▪ Tel. 04 32 41 47 17
▪ www.comune.udine.it

Hotels

Astoria Hotel Italia ●●●
Elegant ausgestattete Traditionsadresse im Zentrum, bekannt-gutes Restaurant.
▪ Piazza XX Settembre 24
▪ Tel. 04 32 50 50 91
▪ www.hotelastoria.udine.it

Clocchiatti ●●
Modernes, top-gestyltes Hotel mit Pool und allen Annehmlichkeiten.
▪ Via Cividale 29
▪ Tel. 04 32 50 50 47
▪ www.hotelclocchiatti.it

Restaurants

Al Passeggio ●●–●●●
Köstliches Essen, das man nur in den höchsten Tönen loben kann. So geschl.
▪ Viale Volontari della Libertà 49
▪ Tel. 043 24 62 16

Al Vecchio Stallo ●●
Die Osteria in einem früheren Stall serviert gute friulanische Küche. Mi geschl.
▪ Via Viola 7
▪ Tel. 043 22 12 96

Caffè Caucigh ●
Das älteste Kaffeehaus in Udine.
▪ Via Gemona 36
▪ www.caffecaucigh.com

Ausflüge von Udine

*Villa Manin 🔟

Die Villa in Codroipo, 30 km südwestlich von Udine, war Residenz des letzten venezianischen Dogen Ludovico Manin (1789–1797). Heute finden in den repräsentativen Räumen Kunstausstellungen, Antiquitätenmessen und andere Events statt (Programm unter www.villamanin-eventi.it), zu denen auch das luxuriöse **Ristorante del Doge ●●●** geöffnet hat (Tel. 04 32 90 48 29).

*Palmanova 12

Die Stadt (5000 Einw.) müsste man eigentlich aus der Luft betrachten, um ihre Anlage als neunspitziger Zackenstern mit radialer Straßenführung richtig würdigen zu können. Sie entstand 1593–1683 als venezianische Festungsstadt – Bollwerk gegen die Türken und Machtgebaren gegenüber Österreich.

Ironie der Geschichte: Napoleon fällte in Palmanova mit der Unterzeichnung der Kriegserklärung an Venedig 1797 das Todesurteil für die 1000-jährige Markusrepublik. Das folgenschwere Dokument wird im **Civico Museo Storico** (Borgo Udine, westlich des Hauptplatzes) aufbewahrt (Di–So 9.30–12.30, Juni–Aug. auch 16–18 Uhr). Schnäppchenjäger können im **Palmanova Outlet Village** in über 90 Läden stöbern. Wer preiswerte italienische Haushaltsartikel sucht, ist hier richtig (www.palmanovaoutlet.it).

*San Daniele del Friuli 13

Weltberühmt ist San Daniele del Friuli (7500 Einw.) vor allem für seinen Schinken, aber das Städtchen hat auch Kultur zu bieten: Gut erhalten ist die spätgotische Kirche **Sant'Antonio Abate** mit einem *Freskenzyklus (1498–1522) von Pellegrino San Daniele – nach Pordenone wichtigster Renaissancemaler des Friaul. Jährlich Ende Juni findet das große Schinkenfest Aria di Festa mit Probierständen und Tischen im Freien statt (www.ariadifesta.it).

Info

Pro San Daniele
- 33038 San Daniele del Friuli
- Via Roma 3
- Tel. 04 32 94 07 65
- www.infosandaniele.com

Restaurants

Prosciutteria Dok Dall'Ava ●●
Hier kommt Schinken vom Rind, Pferd, Truthahn, Wildschwein, Hirsch und Fasan auf den Teller.
- Via Gemona 29
- Tel. 04 32 94 02 80
- www.dallava.com

Ai Bintars ●●
Angeboten werden friulische Spezialitäten. Mi, Do geschl.
- Via Trento e Trieste 63
- Tel. 04 32 95 73 22
- www.aibintars.com

SEITENBLICK

Prosciutto
Schweinefleisch war immer die Wirtschaftsbasis für die seit 1139 bestehende Marktgemeinde San Daniele. Der zart-süße, luftgetrocknete Schinken erhält seinen unverwechselbaren Geschmack durch das Klima am Ort mit wechselnd feuchter und trockener Luft. Heute werden unter dem gesetzlichen Gütezeichen DOP ca. 2,7 Mio. Schinken pro Jahr produziert. Zum Probieren lädt u. a. die **Casa del Prosciutto** (Via Ciconi 24, www.casadelprosciutto.it) ein. Bei **Prolongo** (Via Trento e Trieste 129, www.prolongo.it) kann man noch nach traditioneller Art erzeugten Prosciutto kaufen.

*Spilimbergo 14

Das Städtchen (11 000 Einw.) auf einer Terrasse über dem Tagliamento besitzt eine traditionsreiche Mosaikschule. Von den mittelalterlichen Bauten des Castello überlebte nur der *Palazzo Dipinto (15. Jh.) mit seinen Außenfresken die Erdbeben von 1511 und 1976. Im 1284–1376 erbauten *Dom sind die 1524/1525 von Pordenone bemalten *Orgelflügel sehenswert. Während die Wiederherstellung des Ensembles um den Domplatz wenig geglückt ist, vermittelt der Corso Roma, den man durch einen großen Torturm betritt, viel authentische Atmosphäre.

Info

Pro Spilimbergo
- 33097 Spilimbergo
- Via Dante Alighieri 31
- Tel. 04 27 22 74
- www.prospilimbergo.org

Erst-klassig

Originelle kulinarische Festivals
- Heiraten im Karst mit den besten Gerichten und Weinen bei den **Nozze Carsiche** in Monrupino. Auch Gäste sind herzlich willkommen › S. 29.
- Bestens schmeckt's bei der beliebten **Antica Mostra del Radicchio Rosso** in Treviso › S. 32.
- Tonnen von Tortellini werden für Tausende Besucher bei der **Festa del Nodo d'amore** in Valeggio sul Mincio zubereitet › S. 90.
- Feinsten Schinken gibt's bei der **Aria di Festa** in San Daniele › S. 131.

Restaurants

Da Afro ●●●
Historische Osteria, die typisch friulische Küche serviert. So geschl.
- Via Umberto I.14
- Tel. 04 27 22 64

Al Bachero ●
Die beliebte Osteria ist berühmt für Kutteln mit Polenta. So geschl.
- Via Pilacorte 5
- Tel. 04 27 23 17
- www.osteriabachero.com

Tolmezzo 15

Der Hauptort (11 000 Einw.) Karniens, des gebirgigen Nordens von Friaul, liegt am Zusammenfluss von Tagliamento und But. Als Tumez im 12. Jh. erstmals urkundlich erwähnt, ist es bis heute das kommerzielle Zentrum der karnischen Region. Im 18. Jh. stellte Tolmezzo mit seinen Webereien, die damals bereits 4500 Arbeitskräfte (vorwiegend Frauen) beschäftigten, ein wichtiges Produktionszentrum in der Frühgeschichte der Industrialisierung dar.

Eine beinahe alpine Atmosphäre besitzt die *Altstadt mit schattigen Laubengängen, hölzernen Klappläden und vorspringenden Dachtraufen. Hauptplatz ist die Piazza XX Settembre mit der Pfarrkirche, die mit einem Bilderzyklus des karnischen Barockmalers Nicola Grassi (1682–1750) geschmückt ist. Einen Besuch lohnt das im Palazzo Campeis aus dem 17. Jh. untergebrachte *Museo Carnico delle Arti Popolari mit einer interessanten volkskundlichen Sammlung (Piazza Garibaldi

2, Di–So 9–13, 15–18 Uhr, Aug. tgl., www.museocarnico.it).

Tolmezzo ist Ausgangspunkt für Ausflüge und Bergtouren in die ***Karnischen Alpen.** Originelle, urige Unterkunft bieten in der Region die Alberghi Diffusi, zu denen sich Dorfgemeinschaften zusammengeschlossen haben, die Apartments oder Ferienhäuser vermieten, so etwa auf dem Altipiano di Lauco (www.albergodiffusolauco.it) oder im Dorf Soandri bei Sauris (www.albergodiffuso.org).

Erst-|klassig

Info

Pro Loco
- 33028 Tolmezzo
- Via J. Linussio 1/A
- Tel. 033 85 48 32 93
- www.nuovaprolocotolmezzo.it

Hotel/Restaurant

Roma ●●—●●●
Hotel, Laubencafé und Ristorante mit karnischer Regionalküche in einem.
- Piazza XX Settembre 14
- Tel. 04 33 46 80 31
- www.albergoromatolmezzo.it

*Treviso ⒗

Treviso (83 000 Einw.), umflossen von Sile und Botteniga, ist Mittelpunkt einer Industrieregion, die sich bis Mestre und Padua erstreckt. Ein geschätztes Produkt der Region ist der rote Radicchio di Treviso › S. 32. Aushängeschild der hiesigen Industrie ist der Textilgigant Benetton. Die wichtigen Sehenswürdigkeiten Trevisos stammen aus dem Zeitraum vom 12. bis 14. Jh.

Die **Piazza dei Signori** ist seit der Römerzeit nicht nur das geografische Zentrum. Im Umkreis der großen Caféterrassen und eleganten Läden herrscht vor der Kulisse des romanischen ***Palazzo dei Trecento** munteres Treiben. In der **Loggia dei Trecento** lohnt die Besichtigung der Fontana delle Tete, einer Frauengestalt, aus deren mächtigen Brüsten einst Wein floss; damit bewirteten früher frisch gewählte Bürgermeister mehrere Tage lang das Volk.

Durch die lebhafte ***Via Calmaggiore** geht nach Nordwesten zum malerischen, stark verschachtelten Domkomplex mit Baptisterium (12. bis 19. Jh.): Der ***Dom San Pietro** birgt eine reiche Ausstattung, u. a.

Palazzo del Trecento in Treviso

einen barocken Gemäldezyklus von Nicola Grassi. Genauere Betrachtung verdienen die Chorkapellen der Renaissance (Pietro Lombardo, um 1500) mit *Fresken von Pordenone (1520) und einer frühen *Verkündigung Tizians (tgl. 8–12, 15–18 Uhr).

Die gotische **Loggia dei Cavalieri** südöstlich der Piazza dei Signori diente im Mittelalter als eine Art ritterliches Clubhaus. Die *Pescheria, der Fischmarkt, liegt idyllisch auf einer Insel im Wasser unter Kastanienbäumen. Nördlich davon bewahrt die Bettelordenskirche *San Francesco (13. Jh.), eine sog. Predigtscheune, Grabdenkmäler großer Familien und Fresken von Tommaso da Modena.

Die 1389 erbaute Kirche **San Nicolo** im Südwesten der Altstadt zählt zu den schönsten Sakralbauten der italienischen Backsteingotik. Ihr Inneres birgt an den Pfeilern *Fresken des 14. Jhs. von Tommaso da Modena. Den Kapitelsaal des ehemaligen Klosters schmückt der bedeutendste *Freskenzyklus von Tommaso (tgl. 9–18 Uhr).

Info

IAT
- ▪ 31100 Treviso
- ▪ Piazzale Duca D'Aosta 25
- ▪ Tel. 04 22 54 76 32
- ▪ www.turismo.provincia.treviso.it

Hotel

Al Giardino ●●
Hübsch im Grünen gelegenes Mittelklassehotel mit Restaurant.
- ▪ Via S. Antonino 300/A
- ▪ Tel. 04 22 40 64 06
- ▪ www.hotelalgiardino.it

Restaurants

Antico Ristorante Beccherie ●●–●●●
Traditionslokal mit einfallsreicher saisonaler Küche.
- ▪ Piazza Ancilotto 11
- ▪ Tel. 04 22 54 08 71
- ▪ www.anticoristorantebeccherie.it

Trattoria alla Colomba ●●
Seit über 70 Jahren eine kulinarische Institution in Treviso.
- ▪ Via Ortazzo 25
- ▪ Tel. 04 22 54 22 84

SEITENBLICK

Köstliches Prickeln

Auf den Hügeln zwischen Conegliano und Valdobbiadene gedeiht die Prosecco-Rebe, aus der schon zur Römerzeit der *pulcinum* gekeltert wurde. Die große Stunde des Prosecco schlug jedoch erst, als Antonio Carpenè den Wein im Champagner-Verfahren zum Perlen brachte. Seinen Namen trägt die älteste und führende Weinfirma Carpenè-Malvolti (seit 1868) in Follina. Beim Prosecco unterscheidet man eine liebliche *(frizzante)* und eine trockene Variante *(spumante)*. Die beste Sorte ist der Cartizze mit 11 % Alkoholgehalt *(frizzante)* bzw. 11,5 % *(spumante)*. Er stammt aus einem nur 108 ha großen Gebiet um Santo Stefano bei Valdobbiadene. Echter DOC-Cartizze ist wegen der geringen Produktionsmenge quasi nur im Veneto erhältlich und wird nur in seltenen Fällen exportiert.

Ausflug nach
Conegliano

Die 35 000 Einwohner zählende moderne Industriestadt 32 km nördlich von Treviso besitzt einen schönen *Altstadtkern zu Füßen eines Hügels mit Burgruine und ist Zentrum der Weinbauregion zwischen Valdobbiadene und Vittorio Veneto, aus der der Prosecco stammt. Das historische Zentrum zieht sich entlang der Via XX Settembre, einer Arkadenstraße mit Palazzi und dem schönsten Gebäude der Stadt, der *Scuola dei Battuti (14./15. Jh.). Benachbart ist der Dom mit einer *Sacra Conversazione (1493) von Cima da Conegliano, der in der **Casa Cima** hinter dem Dom lebte (Sa 16–19, So 10–12, 16–19 Uhr). Den Mittelpunkt des Stadtzentrums bildet die Piazza Cima mit dem klassizistischen Stadttheater.

*Feltre 18

Das nette Städtchen (20 000 Einw.) schmiegt sich an den Rand eines weiten Talbeckens. Die Altstadt liegt am Hang um die Längsachse der *Via Mezzaterra mit einem schönen Ensemble von Wohnpalästen des 16. Jhs., einige davon mit Außenfresken. Am oberen Ende weitet sich die Straße zur *Piazza Maggiore, einer malerischen Platzbühne auf verschiedenen Ebenen, über die ein Markuslöwe auf seiner Säule wacht. Auch die Via Luzzo zeigt schöne Palastfassaden. Das *Museo Civico im Palazzo Villabru-

na lohnt v. a. wegen des hier ausgestellten Freskenteils (13. Jh.) aus der San-Servo-Kirche einen Besuch (Sa, So 10.30–12.30, 15–18 Uhr).

Alljährlich am ersten August-Wochenende findet hier der Palio di Feltre statt, ein farbenprächtiges, historisches Stadtfest. **Erst-klassig**

Zwischenstopp: **Restaurant**

Hostaria Novecento ●●
Signora Ponti verwöhnt mit Steinpilz-Brie-Quiche oder Entenbrust mit Kirschen. Mo geschl.
▐ 32032 Feltre
▐ Via Mezzaterra 24
▐ Tel. 043 98 30 43

*Vittorio Veneto 19

Die Stadt (30 000 Einw.) entstand 1866 aus der Vereinigung zweier Nachbargemeinden am Meschio-Fluss und wurde nach dem ersten italienischen König Vittorio Emanuele benannt. Das nördliche Serravalle (Talriegel), seit jeher Kontrollpunkt am engen Talschluss zwischen Ebene und Gebirge, hat anders als Ceneda sein historisches Ortsbild bewahrt.

Man sollte die Stadt zu Fuß von Norden über die Via Roma erkunden und vorbei an der Burgfestung zur *Piazza Flaminio hinuntergehen. Den seit dem 16. Jh. kaum veränderten Platz beherrscht die malerische *Loggia Serravallese, der alte Regierungspalast, der heute das **Museo del Cenedese** beherbergt. Es zeigt u. a. Gemälde und archäologische Funde (Sa, So 10–12, 15–17 Uhr, www.museocenedese.it).

Am anderen Meschio-Ufer liegt der barocke **Dom.** Von der Piazza Flaminio in Richtung Süden führt die von dunklen Lauben gesäumte alte Hauptstraße, die **Via Martiri della Libertà** – mit modernen Geschäften in alten Palästen. Die Hospitalkirche **San Lorenzo** um die Ecke schmückt einer der schönsten ***Freskenzyklen** venezianischer Malerei aus dem frühen 15. Jh.

Info

IAT
- 31029 Vittorio Veneto
- Viale della Vittoria 110
- Tel. 043 85 72 43
- www.turismovittorioveneto.gov.it

Ein bauliches Unikum ist das Rathaus von Pordenone

Restaurants

Hostaria Via Caprera ●●
Die 100-jährige Osteria ist ihrer köstlichen Küche wegen sehr beliebt. Unbedingt reservieren!
- Via Caprera 23
- Tel. 043 85 75 20
- www.hostariaviacaprera.it

Trattoria alla Cerva ●●
Traditionelle Küche, modern und pfiffig interpretiert; auch die Einrichtung ist eigenwillig und verzichtet auf Folklore. Di, Mi, Do mittags geschl.
- Piazza Flaminio 8
- Tel. 043 81 84 92 59
- www.trattoriaallacerva.com

*Pordenone 20

Die Hauptstadt Westfriauls (50 000 Einw.) war schon in der Antike ein Handelshafen am Noncello, seit dem 10. Jh. österreichische Enklave und ab 1508 venezianisch. Die Stadt ist der Geburtsort von Giovanni Antonio de'Sacchis, genannt Pordenone (1483–1539), der sich mit seinem eigenwilligen Manierismus neben den großen Renaissancemalern Venedigs behaupten konnte.

Der Altstadtkern besteht aus einer einzigen Straßenachse, dem ***Corso Vittorio Emanuele,** einer Einkaufsmeile in der Kulisse historischer Laubenhäuser. Unter den Portici locken Cafés zum Verweilen; ein guter Ort für eine Rast ist das **Caffè Municipio** (Nr. 58) unweit des prächtigen barocken ***Palazzo Gregoris,** der auch am Canal Grande stehen könnte.

Das Ostende des Corso markiert die originelle Silhouette des gotischen **Palazzo del Comune,** dem 1542 ein Uhrturm vorgesetzt wurde. Imponierend ist der hohe ***Campanile** (1271–1347) des Doms San Marco. Innen ist am ersten Seitenaltar rechts die ***Madonna della Misericordia** (1515) von Pordenone zu bewundern, am rechten Vierungspfeiler hat sich der Meister selbst in Gestalt des heiligen Rochus verewigt. Über die intime Piazza San Marco gelangt man zum Noncello, den ein schöner Flusspark begleitet.

Info

Infopoint
- 33170 Pordenone
- Piazza XX Settembre 11/B
- Tel. 04 34 52 03 81
- www.turismofvg.it

Hotel

Villa Luppis ●●●
In einem ehemaligen Kloster des 11. Jhs., umgeben von einem Park mit altem Baumbestand. Swimmingpool, Tennisplätze, empfehlenswertes Restaurant.
- Rivarotta Pasiano (15 km südl.)
- Tel. 04 34 62 69 69
- www.villaluppis.it

Restaurant

Vecia Osteria del Moro ●●
Nettes Gasthaus mit traditioneller Küche des Friaul und Veneto; auf der Karte stehen hausgemachte Pasta und köstliche Desserts. So geschl.
- Via Castello 2
- Tel. 043 42 86 58
- www.laveciaosteriadelmoro.it

Belluno 21

Das nette Städtchen (36 000 Einw.) ist das Zentrum der nördlichsten Provinz des Veneto. Die Altstadt liegt auf einem Sporn über dem Zusammenfluss von Piave und Ardo, wo sich einst ein römisches Bollwerk und ein byzantinisches Kastell befanden. Das historische Zentrum ist besonders schön an der im 16. Jh. angelegten **Piazza dei Martiri.** Ein Renaissancetor führt in den alten Stadtkern, der aus der **Via Mezzaterra** mit zwei Parallelstraßen besteht. Stimmungsvoll ist die **Piazza Mercato,** früher nach ihrer Lage über dem römischen Forum Piazza del Foro genannt.

Auf einer Terrasse über dem Piave liegt die **Piazza del Duomo** mit ihren monumentalen Bauten: der **Dom** mit dem barocken Campanile (7. Jh. und 16.–18. Jh.) und der Bischofspalast (rekonstruiert 1875), zu dem der mittelalterliche Stadtturm gehörte. Der schöne ***Palazzo dei Rettori** von 1491 wurde im 16. Jh. um die rechten Achsen und den Uhrturm erweitert.

Belluno ist Ausgangspunkt für Touren in die zum UNESCO-Weltnaturerbe zählenden *****Dolomiti Bellunesi** › S. 138 und die ebenfalls wunderschönen *****Dolomiti Friulane** › S. 138.

Info

IAT
- 32100 Belluno
- Piazza Duomo 2
- Tel. 04 37 94 00 83
- www.infodolomiti.it

Einsame Berglandschaften erwarten Wanderer in den Dolomiti Friulane

Parco Nazionale Dolomiti Bellunesi
- Piazza dei Martiri 8
- Tel. 04 37 94 00 83
- www.dolomitipark.it

Hotels

Villa Carpenada ●●●
Die Villa aus dem 18. Jh. liegt ruhig im Wald, etwas außerhalb in Richtung Feltre. 20 geschmackvoll eingerichtete Zimmer.
- Via Mier 158
- Tel. 04 37 94 83 43
- www.hotelvillacarpenada.it

Azienda Sant'Anna ●—●●
Das schöne historische Bauernhaus bietet ein wunderbares Dolomitenpanorama und hübsch eingerichtete Zimmer. Vermietet wird zudem ein frei stehendes Ferienhaus.
- Pedecastello 27
- Tel. 043 72 74 91
- www.aziendasantanna.it

Restaurant

La Taverna ●●
Die Osteria im Herzen der Altstadt bietet traditionelle Küche in gemütlichem Ambiente.
- Via Cipro 7
- Tel. 043 72 51 92

Ausflug in die
Dolomiten 22

Nur wenige mit dem Auto befahrbare Routen führen durch den *****Parco Nazionale Dolomiti Bellunesi** › S. 27, dessen majestätische Natur in erster Linie Wanderern zugänglich ist. Beliebte Wanderregionen sind die beiden Täler Val di Canzoi und Val Falcina. Tourenvorschläge, Infos über Flora und Fauna und das Öko-Management gibt es im Nationalparkzentrum in Belluno oder unter www.dolomitipark.it.

Auch die zum UNESCO-Weltnaturerbe zählenden *****Dolomiti Friulane** sind bislang touristisch kaum erschlossen und bieten Wanderern einzigartige Naturerlebnisse. Ausgangspunkt zahlreicher Touren ist der Bergort **Cimolais** 23, 28 km nordöstlich von Belluno. Hier bekommen Sie am Sitz des Parco Naturale delle Dolomiti Friulane (Via Roma 4, Tel. 042 78 73 33, www. parcodolomitifriulane.it) Tipps zu lohnenden Wanderungen; sehenswert und gut zu erreichen (mautpflichtige Straße, dann teils steiler Wanderweg) ist der 2173 m hohe **Campanile di Val Montanaia,** dessen Gipfel eine 300 m hohe, markante Felssäule bildet.

Infos von A–Z

Ärztliche Versorgung
Gesetzlich Versicherte haben Anspruch auf kostenlose medizinische Behandlung gegen Vorlage einer Europäischen Krankenversicherungskarte. Quittungen über erbrachte Leistungen und Medikamente werden von den Kassen rückerstattet. Wer sichergehen will, sollte eine private Auslands-Reisekrankenversicherung abschließen.

Behinderte
Holprige Altstadtgassen und vor allem die vielen Treppenauf- und -abgänge an den Brücken Venedigs stellen Rollstuhlfahrer und Gehbehinderte vor große Probleme. Über behindertengerechte Hotels können sie sich in den Hotelverzeichnissen der jeweiligen Regionen informieren.

Diplomatische Vertretungen
- **Deutsches Konsulat**
  30135 Venedig, Palazzo Condulmer, Santa Croce 251, Tel. 04 15 23 76 75, venedig@hk-diplo.de
- **Österreichisches Konsulat**
  30135 Venedig, Palazzo Condulmer, Santa Croce 251, Tel. 04 15 24 05 56, consolato.austria@zoppas.com; 34121 Triest, Via San Nicolo 28, Tel. 040 63 37 12, cons.austria.ts@alice.it; 37121 Verona, Piazza Broilo 3, Tel. 04 58 01 02 92, puntigam@puntigam.it
- **Schweizer Konsulat**
  30123 Venedig, Dorsoduro 810, Campo S. Agnese, Tel. 04 15 22 59 96, venezia@honrep.ch

Gesetzliche Feiertage
- 1. Januar (Neujahr)
- 6. Januar (Hl. Drei Könige)
- Ostermontag
- 25. April (Tag der Befreiung)
- 1. Mai (Tag der Arbeit)
- 2. Juni (Tag der Republik)
- 15. August (Ferragosto)
- 1. November (Allerheiligen)
- 8. Dezember (Unbefleckte Empfängnis)
- 25./26. Dezember (Weihnachten)

Geld
Zahlungsmittel ist der Euro (€). 1 € = 1,24 CHF.
Zahlreiche Bankomaten erlauben problemloses Abheben von Bargeld mit EC-/Maestro-Karte. Die meisten Hotels, Restaurants und Geschäfte akzeptieren Kreditkarten.

Informationen
Erhält man beim staatlichen italienischen Fremdenverkehrsamt (ENIT):
- **Deutschland:**
  60325 Frankfurt/M., Barckhausstr. 10, Tel. 069/23 74 34, www.enit-italia.de
- **Österreich:**
  1060 Wien, Mariahilferstr. 1b, Tel. 01/505 16 30 12, www.enit.at
  Schweiz:
  Uraniastr. 32, 8001 Zürich, Tel. 043/466 40 40, www.enit.ch
- In Italien gibt es in allen größeren Orten die Informationsbüros **APT**, **IAT** oder **Pro Loco**.

Internet
Internetcafés sind in der Region vereinzelt zu finden, die meisten Hotels bieten ihren Gästen Internetanschluss, oft auch WLAN; viele Hauptplätze sind ebenfalls mit WLAN (WiFi) ausgestattet, so dass man dort mit dem eigenen Laptop in der Regel problemlos und kostenlos ins Netz gehen kann.

Kriminalität

Da weder das Veneto noch Friaul Ziele des Massentourismus sind, muss man hier keine Angst vor Trickdieben und Autoknackern haben. Nur in den großen Städten Venedig, Verona, Padua und Triest stellt man das Auto besser auf einem bewachten Parkplatz oder (über Nacht) in der Hotelgarage ab. Wertsachen nie im Auto lassen!

Notruf

- Polizei (Unfallhilfe): Tel. 112
- Ambulanz: Tel. 112
- Pannendienst des ACI: Tel. 80 31 16
- Seenotrettung: Tel. 15 30

Öffnungszeiten

- Geschäfte machen in der Regel eine lange Mittagspause, meist von 12.30 bis 15.30 Uhr. Abends ist bis 19.30 Uhr geöffnet, auch samstags.
- Banken sind Mo–Fr 8.30–13.30 und 15–16 Uhr geöffnet.
- Postämter Mo–Fr 8.30–14, Sa bis 13 Uhr.
- Viele Kirchen sind nur während der Messe zugänglich; Besichtigen ist dann verboten. Nehmen Sie unbedingt Rücksicht auf die Gläubigen!

Urlaubskasse	
Espresso	al bar 1,50 €/ al tavolo 3 €
Softdrink	al bar 2,60 €/ al tavolo 4 €
Glas Bier	al bar 2,80 €/ al tavolo 5 €
Imbiss (Panino, Pizza)	3,50 €
Kugel Eis	1 €
Taxifahrt (Kurzstrecke 8–10 km)	15 €
Mietwagen/Tag	ab 40 €

Parken

Die Innenstädte sind teilweise für Privatfahrzeuge gesperrt; die meisten Stellflächen sind gebührenpflichtig (stundenweise, am Automaten zu bezahlen). In Venedig parkt man in einer der Parkgaragen am Piazzale Roma (Online-Reservierung unter www.asm venezia.it). Bewachte Parkplätze sind bei voll bepacktem Auto unbedingt zu empfehlen.

Quittungen

Bei Dienstleistungen (Restaurants, Autowerkstätten etc.) muss die Mehrwertsteuer (IVA) enthalten sein. Quittungen muss man laut Gesetz kurzzeitig aufbewahren, bei Kontrollen kann sonst eine Geldstrafe fällig werden.

Telefon

Neben den öffentlichen Fernsprechämtern von Telecom Italia gibt es vereinzelt öffentliche Telefone. Sie funktionieren mit Telefonkarte (carta telefonica), die man bei den tabacchi, in Bars, Kiosken und den Filialen der Telecom Italia kauft. Auch bei Ortsgesprächen muss die Ortsvorwahl immer mitgewählt werden! Die Netzversorgung für Handys ist fast überall gewährleistet.

Internationale Vorwahlen:

- Deutschland 00 49
- Österreich 00 43
- Schweiz 00 41
- Italien 00 39

Zoll

Innerhalb der EU sind Geschenke und Mitbringsel zollfrei. Bei Waren für den persönlichen Gebrauch gelten folgende Richtmengen: 800 Zigaretten, 10 l Spirituosen, 90 l Wein pro Person. Bargeld über 10 000 € muss deklariert werden.

Für Schweizer: 200 Zigaretten, 1 l Spirituosen, 2 l Wein, Mitbringsel bis zum Wert von 300 CHF.

Register

Bildnachweis

Coverfoto © laif/Clemens Zahn
Fotos Umschlagrückseite © Fotolia/Maurizio Targhetta (links); Fotolia/Weimar (Mitte), Fotolia/wjarek (rechts)

Alamy/Aflo Co Ltd.: 97; Alamy/Alex Friedel: 16; Aldo Pavan/Schapowalow: 72; Bildagentur Huber/Bernhart: 35; Bildagentur Huber/Fantuz Olimpio: 129; Bildagentur Huber/G. dall'Arche: 84; Bildagentur Huber/G. Simeone: 107; Bildagentur Huber/Gräfenhain: 84; Bildagentur Huber/Guido Baviera: 63; Bildagentur Huber/Johanna Huber: 19, 36, 43, 59; Bildagentur Huber/L. Gaudenzio: 138; Bildagentur Huber/Lubenow: 5; Bildagentur Huber/S. Scattolin: 68; Fotolia/Christa Eder: 105; Fotolia/enrico5: 46; Fotolia/Heiner Seidl: 93; Fotolia/Jakob Radlgruber: 61; Fotolia/Lidian Neeleman: U2-1; Fotolia/Maurizio Targhetta: U4-1; Fotolia/Weimar: U4-2; Fotolia/wjarek: U4-3; Gerold Jung: 31, 28, 98; Getty Images/Lonely Planet: 56; Hanna Wagner: 67, 75, U2-3; Heidrun Reinhard: 78, 87,136; iStockphoto/Danin Tulic: 120; iStockphoto/Peter Zelei: 38; Klaus Thiele: 127; laif/Cellentano: 34; laif/Hedda Eid: 101, U2-4; laif/Specht: 89; laif/Sylvian Grandadam: 14; LOOK-foto/age fotostock: 100; LOOK-foto/Franz Marc Frei: 119; mauritius images/Alamy: 17; mauritius images/ib/Christian Handl: 123; mauritius images/Cubo Images: 133; mauritius images/AGE: 6; Pixelio/Jeanette Dobrindt: 52; rzpr.at: 110, 117, U2-2; Sabine von Loeffelholz: 65, 104, ; Schapowalow/ Paolo Giocoso: 32; Schapowalow/Aldo Pavan: 12; Schapowalow/Johanna Huber: 49; Schapowalow/Matteo Carassale: 22; Shutterstock/Emi Cristea: 86; Shutterstock/LianeM: 10; Shutterstock/meunierd: 83; Shutterstock/tommaso lizzul: 1; Wikipedia (gemeinfrei): 54; Wikipedia/Rasevic: 125.

Liebe Leserin, lieber Leser,

wir freuen uns, dass Sie sich für diesen POLYGLOTT on tour entschieden haben.
Unsere Autorinnen und Autoren sind für Sie unterwegs und recherchieren sehr gründlich, damit Sie mit aktuellen und zuverlässigen Informationen auf Reisen gehen können.
Dennoch lassen sich Fehler nie ganz ausschließen. Wir bitten Sie um Verständnis, dass der Verlag dafür keine Haftung übernehmen kann.

Ihre Meinung ist uns wichtig. Bitte schreiben Sie uns:
TRAVEL HOUSE MEDIA GmbH, Redaktion POLYGLOTT, Grillparzerstraße 12,
81675 München, redaktion@polyglott.de
www.polyglott.de

© 2014 TRAVEL HOUSE MEDIA
GmbH München
Dieses Buch wurde auf chlorfrei gebleichtem Papier gedruckt.
ISBN 978-3-8464-0721-9

Bei Interesse an maßgeschneiderten POLYGLOTT Produkten:
Tel. 089/450 00 99 12
veronica.reisenegger@travel-house-media.de

Bei Interesse an Anzeigen:
KV Kommunalverlag GmbH & Co KG
Tel. 089/928 09 60
info@kommunal-verlag.de

Verlagsleitung: Michaela Lienemann
Redaktionsleitung: Grit Müller
Autoren: Heidrun Reinhard, Daniela Schetar und Friedrich Köthe
Redaktion: Anja Lehner
Bildredaktion: Stefan Scholtz
Layoutkonzept/Titeldesign: Gramisci Editorialdesign, München, und Ute Weber, Geretsried
Karten und Pläne: Sybille Rachfall
Satz: Ute Weber, Geretsried
Druck und Bindung: Firmengruppe APPL, aprinta druck, Wemding

PEFC
PEFC/04-32-0928

TRAVEL HOUSE MEDIA

Ein Unternehmen der
GANSKE VERLAGSGRUPPE

Langenscheidt Mini-Dolmetscher Italienisch

Allgemeines

Guten Tag.	Buongiorno. [buondsehorno]
Hallo!	Ciao! [tschao]
Wie geht's?	Come sta? [kome sta]
Danke, gut.	Bene, grazie. [bäne grazje]
Ich heiße ...	Mi chiamo ... [mi kjamo]
Auf Wiedersehen.	Arrivederci. [arriwedertschi]
Morgen	mattina [mattina]
Nachmittag	pomeriggio [pomeridseho]
Abend	sera [ßera]
Nacht	notte [notte]
morgen	domani [domani]
heute	oggi [odsehi]
gestern	ieri [järi]
Sprechen Sie Deutsch?	Parla tedesco? [parla tedesko]
Wie bitte?	Come, prego? [kome prägo]
Ich verstehe nicht.	Non capisco. [non kapisko]
Sagen Sie es bitte nochmals.	Lo può ripetere, per favore. [lo puo ripätere per fawore]
..., bitte.	..., per favore. [per fawore]
danke	grazie [grazje]
Keine Ursache.	Prego. [prägo]
was / wer / welcher	che / chi / quale [ke / ki / kuale]
wo / wohin	dove [dowe]
wie / wie viel	come / quanto [kome / kuanto]
wann / wie lange	quando / quanto tempo [kuando / kuanto tämpo]
warum	perché [perke]
Wie heißt das?	Come si chiama? [kome ßi kjama]
Wo ist ...?	Dov'è ...? [dowä]
Können Sie mir helfen?	Mi può aiutare? [mi puo ajutare]
ja	sì [ßi]
nein	no [no]
Entschuldigen Sie.	Scusi. [skusi]
Gibt es hier eine Touristeninformation?	C'è un ufficio di turismo qui? [tschä un uffitscho di turismo kui]
Haben Sie einen Stadtplan?	Ha una pianta della città? [a una pjanta della tschitta]
Wann ist ... geöffnet?	A che ora è aperto (m.) / aperta (w.) ...? [a ke ora ä apärto / apärta]
das Museum	il museo (m.) [il museo]

Shopping

Wo gibt es ...?	Dove posso trovare ...? [dowe posso troware]
Wie viel kostet das?	Quanto costa? [kuanto kosta]
Wo ist eine Bank?	Dov'è una banca? [dowä una bangka]
Ich suche einen Geldautomaten.	Dove posso trovare un bancomat? [dowe posso troware un bangkomat]
Geben Sie mir 100 g Käse / zwei Kilo Pfirsiche	Mi dia un etto di formaggio / due chili di pesche. [mi dia un ätto di formadseho / due kili di päske]
Wo kann ich telefonieren / eine Telefonkarte kaufen?	Dove posso telefonare / comprare una scheda telefonica? [dowe posso telefonare / komprare una skeda telefonika]

Essen und Trinken

Die Speisekarte, bitte.	Il menu per favore. [il menu per fawore]
Brot	pane [pane]
Kaffee	caffè / espresso [kaffä / esprässo]
Tee	tè [tä]
mit Milch / Zucker	con latte / zucchero [kon latte / zukkero]
Orangensaft	succo d'arancia [sukko darantscha]
Mehr Kaffee, bitte.	Un altro caffè, per favore. [un altro kaffä per fawore]
Suppe	minestra [minästra]
Nudeln	pasta [pasta]
Fisch / Meeresfrüchte	pesce / frutti di mare [pesche / frutti di mare]
Fleisch	carne [karne]
Geflügel	pollame [pollame]
Beilage	contorno [kontorno]
vegetarische Gerichte	piatti vegetariani [pjatti wedsehetarjani]
Ei	uovo [uovo]
Salat	insalata [inßalata]
Dessert	dolci [doltschi]
Obst	frutta [frutta]
Eis	gelato [dsehelato]
Wein	vino [wino]
Bier	birra [birra]
Wasser	acqua [akua]
Mineralwasser	acqua minerale [akua minerale]
mit / ohne Kohlensäure	gassata / naturale [gassata / naturale]
Ich möchte bezahlen.	Il conto, per favore. [il konto per fawore]